[PE]TITE [BIBLIO]THÈQUE

ÉCONOMIQUE ET PORTATIVE,

OU

COLLECTION

DE RÉSUMÉS

SUR

L'HISTOIRE ET LES SCIENCES,

PAR

UNE SOCIÉTÉ DE SAVANS ET DE GENS DE LETTRES.

à 60 cent. le vol.

Pour les Souscripteurs, et 75 c. séparément.

33e *livraison.*

HISTOIRE DU PORTUGAL.

PARIS,
DAUTHEREAU LIBRAIRE,
Grande cour du Palais-Royal.
1827.

BIBLIOTHÈQUE

Économique.

TOME X.

IMPRIMERIE DE CASIMIR,
rue de la Vieille-Monnaie, n° 12.

HISTOIRE

DU

PORTUGAL.

L'instruction est l'amie de tous.

A PARIS,
CHEZ DAUTHEREAU,
A LA LIBRAIRIE AU RABAIS,
Grande cour du Palais-Royal, côté du Théâtre-Français, n° 21 *bis*.
1827.

HISTOIRE

DU

PORTUGAL.

Le Portugal qui faisait, sous le nom de *Lusitanie*, une vaste province de l'empire romain, est l'état le plus occidental de toute l'Europe; il s'étend le long de l'Océan entre les 37e et 42e degrés de latitude septentrionale, depuis les rives du Minho qui bordent la Galice, jusqu'au cap Saint-Vincent. Le Portugal est borné au nord et à l'est par l'Espagne, au sud et à l'ouest par l'Océan; il a environ 145 lieues de long sur environ 50 de large, et 7,000 lieues carrées de superficie. Plusieurs grandes chaînes de montagnes qui prennent naissance en Espagne, coupent le Portugal de l'est à l'ouest. Les fleuves qui le traversent et l'arrosent, prennent aussi leur source en Espagne : ce sont le Tage, le Douro, le Minho et la Guadiana. Il ne s'y trouve point de masse d'eau assez considérable pour prendre le nom de lac ; les sources minérales et thermales y sont très-nombreuses.

Le Portugal est divisé en six provinces : 1° *Entre-Duero-e-Minho*. Cette province, située entre le Douro et le Minho, est bornée au nord par la Galice, province espagnole ; Braga en est la capitale, et Oporto ou Porto, la ville la plus considérable. Guimaraens, Lima et Viana sont encore trois villes de cette province, qui est, si on en excepte les hauteurs, d'une fertilité extraordinaire, surtout sur les bords du Douro. On y récolte du blé, du lin, du maïs, de l'huile, des fruits et surtout un vin excellent, connu sous le nom de vin de Porto ; on y élève beaucoup de bestiaux. Cette province forme une côte sur laquelle il y a de bons ports.

2° *Tras-os-Montes* (c'est-à-dire au-delà des monts) est bornée au nord et à l'est par deux provinces espagnoles, la Galice et le royaume de Léon. Cette province très-montagneuse n'est fertile que dans les vallées où il fait une chaleur excessive. On y récolte du blé, des fruits et surtout du vin. Sa capitale est Miranda-de-Douro.

3° *Beira* est bornée à l'est par l'Espagne; Coimbra en est la capitale. Quoique montueuse, cette province est généralement fertile moins cependant que les deux provinces précédentes.

4° L'*Estramadure* n'est point en contact avec l'Espagne. C'est une province agréable et fertile, et il y a tant de coquetterie dans le mode de culture de cette province, qu'elle ressemble à un vaste jardin depuis Lisbonne jusqu'à Abrantès. On y recueille du vin, de l'huile, du miel, une grande quantité de fruits, et surtout d'oranges, que nous savons tous être une des priucipales productions du Portugal. On exporte de l'Estramadure une grande quantité de sel. Le Tage en est le fleuve principal. C'est dans cette province qu'est située Lisbonne, capitale du Portugal.

5° *Alem-tejo* ou *Alentejo* est la province la plus considérable du Portugal. Elle est bordée à l'est par l'Estramadure espagnole. Elle est traversée par une chaîne de montagnes nommée la Serra-de-Mouchique, qui naît dans l'Algarve, s'étend au nord-nord-est jusqu'à Portalègre, d'où elle se dirige à l'est et se termine en Espagne. Cette province est arrosée par la Guadiana, le Zadao, l'Ardila, et par une foule de petites rivières. Cette province est moutueuse et sablonneuse; de plus elle est mal cultivée. Aussi est-ce la province la moins fertile du Portugal. On y trouve des carrières de marbre, dont l'exploitation enlève beaucoup de bras à l'agriculture, et une belle terre dont on fait de la poterie, et dont on exporte une grande quantité en Espagne. La capitale de cette province est Évora ; Beja, Elvas, Portalègre, Ourique, Villa-Viciosa, Crato et Aviz, sont des villes principales.

6° *Algarve* ou *Algarva* formait autrefois le petit royaume des Algarves. Cette province portugaise est séparée à l'est d'une province espagnole, l'Andalousie, par la Chauxa et la Guadiana. Elle est traversée du sud au nord-est par la Serra de Mouchique, et arrosée par la Guadiana, le Zadao. Cette province est très-fertile en figues, amandes, dattes, olives, et surtout en vins excellens. Tavira, Faro, Silva et Lagos, sont ses villes principales.

Le climat du Portugal est généralement plus doux que celui d'Espagne ; il est fort sain ; mais la chaleur est excessive sur les côtes ; la saison pluvieuse est assez longue, et il tombe alors beaucoup d'eau. On trouve en Portugal deux régions très-froides, l'une au centre du Portugal, dans la vallée de l'Estrella, et l'autre au nord, le long de la partie septentrionale des provinces de Douro-e-Minho et de Tras-os-Montes. Le froid excessif qu'on éprouve dans ces deux parties provient de leur élévation et de leur éloignement de la mer. Les chevaux portugais sont petits et maigres, mais ils sont vifs et pleins d'ardeur; à cause des inégalités du terrain, on fait usage généralement d'ânes et de mules.

Le Portugal est extrêmement fertile; il abonde, dit-on, en substances minérales telles que : or, argent, plomb, étain, antimoine, cuivre, aimant, émeri, mercure, bismuth, houille, arsénic, améthystes, hyacinthes, aigues marines, turquoises, grenades, cristal de roche, beaux marbres, jayet, pierres à chaux, gypse, terres à porcelaine, etc. On y compte 2,863 salines. Mais que peuvent faire tant de richesses si le possesseur ne sait point les exploiter. L'agriculture est fort peu florissante en Portugal, et on peut penser que le gouvernement a quelque reproche à se faire à ce sujet. En effet, dans les vallées de Minho, et dans le district du Haut-Douro, qui sont soumis à la juridiction d'une compagnie particulière qu'on nomme compagnie des vins, l'agriculture a fait quelques progrès. Les gouvernemens n'ont presque pas besoin d'encourager les arts industriels; qu'ils laissent faire les particuliers, en prêtant égale protection à tous, qu'ils laissent les citoyens s'occuper, soit individuellement, soit collectivement, de leurs intérêts, et ils verront bien. L'industrie n'est pas dans un état plus prospère que l'agriculture. Les Anglais sont en possession de tout le commerce de ce beau pays. Ils y importent des draps et autres étoffes de laine, et des tissus de soie, de l'orfévrerie, de l'horlogerie, du plomb, de l'étain, du cuivre, du charbon de terre, des grains, des farines, du biscuit, du riz et des douves. Ils en exportent des vins, des huiles, du sel, des amandes, des fruits secs, des peaux, du tabac et du liége. En 1824, les revenus de l'état s'élevaient à environ cent millions de francs; la dette publique était de trois cents millions. Les forces de terre consistaient environ en trente-trois mille six cents hommes de toute arme, et celles de mer en quatre vaisseaux de ligne et quatorze frégates, dont les équipages sont en aussi mauvais état que les armées de terre sont mal tenues. Il y a en Portugal sept ordres de chevalerie; celui du Christ tient le premier rang. La religion catholique est la dominante; cependant on y tolère les protestans et les juifs. Les premiers sont presque les seuls industriels du pays, les juifs font presque tout le commerce et y sont fort riches; c'est là la véritable cause de cette tolérance fort extraordinaire, dans un pays qui touche à l'Espagne, où l'inquisition a long-temps régné, et que les apostoliques désirent rétablir. Il y a en Portugal deux universités, celle de Coimbre et d'Évora. On y compte deux archevêchés, treize évêchés, et environ quatre cent soixante monastères. Le Portugal, de ses anciennes et immenses possessions d'outre-mer, possède encore, en Afrique, l'île de Madère, les Açores, les îles du cap Vert, et des établissemens dans la Guinée, à Angola et sur la côte de Mosambique; et en Asie, Goa, Timor et Macao.

Nous n'avons rien dit du caractère des Portugais; nous ferons en sorte qu'il se développe assez dans le cours de cette histoire, pour que les idées du lecteur soient parfaitement fixées à ce sujet.

Il nous importe peu de savoir quels peuples colonisèrent la Lusitanie: admettons cependant qu'elle fut, comme l'Espagne, colonisée par les Phéniciens, et ensuite par les Carthaginois. Sous l'empereur Constantin, le Portugal fut divisé en deux provinces, la

Lusitanie et la Gallicie; mais cette dernière s'étendait sur ce qu'on nomme actuellement l'Espagne. Les Lusitains, dont les Portugais tirent sans doute leur origine, et qui formaient déjà la plus grande masse de la population du territoire actuellement portugais, montrèrent ce goût d'indépendance que nous leur verrons développer avec énergie par la suite, dans la guerre de l'indépendance contre les Romains. Sertorius, voulant se soustraire lui et les siens à la puissance despotique de Rome, vint demander appui aux Lusitains et l'obtint.

Après la chute de l'empire d'Occident, les Suèves et les Wisigoths se partagèrent la Lusitanie. Ces derniers ne tardèrent point à l'occuper seuls (sixième siècle). Ils furent conquis, au septième siècle, par les Arabes. Mais à peine trente-cinq années s'étaient écoulées, que ces Wisigoths, devenus par la conquête Lusitains et chrétiens, avaient reconquis toute la Gallicie et la province de Minho. C'est à cette époque (635) que cette dernière province prit le nom de *Portucalia*. Mais la lutte n'était pas finie; elle dura pendant les neuvième et dixième siècles. Pendant tout cet espace de temps, ces deux peuples, pleins d'une bravoure chevaleresque, ne cessérent de combattre pour une question bien importante, celle du foyer domestique.

En 1092, les deux seules provinces de Minho et de Tras-os-Montes formaient le Portugal. Les Lusitains y adjoignirent bientôt une partie de la Beira qu'ils enlevèrent aux Maures; ils étaient commandés par Henri de Bourgogne. Ce prince épousa Thérèse, fille d'Alphonse VI de Castille, qui érigea le pays définitivement conquis sur les Maures en comté, et le donna à ce Henri. Les Maures revinrent de nouveau à la charge, mais le fils du comte Henri et de Thérèse les défit absolument à la mémorable bataille d'Ourique. A la suite de cette victoire, l'armée portugaise donna unanimement le titre de roi à celui qui l'avait conduite à la victoire. Alphonse, premier de nom, plein d'une sagesse rare chez ceux qui arrivent au pouvoir, voulut que la nation entière ratifiât le choix de l'armée. Il convoqua les *états du royaume*; ces états étaient sans doute la réunion de tous les grands seigneurs et grands propriétaires. Cette assemblée se tint à Lamégo. Alphonse, qui y parut portant seulement l'épée avec laquelle il avait gagné la bataille d'Ourique, fut proclamé roi, et l'archevêque de Brague le couronna. Le nouveau roi, parlant aux états assemblés, leur dit entre autres choses : « Vous « m'avez fait roi, et je dois partager « avec vous les soins de l'état. Je suis « donc votre roi, et c'est en cette « qualité que je vous invite à faire « des lois qui établissent la tranquillité « dans notre royaume. » On voit que les monarchies constitutionnelles ne datent pas d'hier; et qu'on se garde de croire que le royaume de Portugal soit le seul exemple qu'on puisse citer pour prouver que les commencemens de presque toutes les monarchies furent tels; ce que ne veulent point avouer certains hommes qui considèrent les peuples comme des bêtes de somme, créées pour leur bon plaisir. Les lois furent ensuite promulguées; elles étaient simples et peu nombreuses.

La nouvelle nation se déclara aussi, par la bouche de ses commettans, absolument indépendante, et refusa de payer un tribut annuel aux rois de Léon, qu'elle avait reconnus jusqu'à ce moment comme ses suzerains, et défendit à son nouveau roi de payer ce tribut, et de se rendre aux assemblées des états de Léon. Pourquoi un acte superstitieux vient-il altérer notre admiration pour l'assemblée de Lamégo? Elle mit le royaume sous la protection spéciale de Notre-Dame de Clairvaux, et le Portugal, qui avait repoussé la suzeraineté des rois de Léon, reconnut celle des abbés de Clairvaux, auxquels il se soumit à payer un tribut annuel. Comme le dit fort bien M. A. Rabbe, dont le résumé nous sert de guide dans notre travail : « De tels « commencemens font pressentir à la « fois les moyens d'agrandissement « d'un tel peuple, et les causes de sa « décadence. » Rome, qui déjà à cette époque intervenait dans toutes les affaires d'Europe, voulut bien reconnaître, en 1169, le nouvel élu de la nation. Alexandre III envoya à Alphonse une bulle qui lui confirmait le titre de roi, et plaçait son royaume sous la protection du Saint-Siége, à la condition d'un tribut de deux marcs d'or par an.

Rome a toujours commencé par protéger, jusqu'à ce qu'elle pût asservir, ce qui du reste ne devait pas tarder à arriver, puisque Alphonse II, successeur de Sanche, premier du nom (celui-ci, fils d'Alphonse Ier, lui avait succédé), fut excommunié deux fois (il le fut une fois pour avoir injurié l'archevêque de Brague). Son royaume fut mis en interdit; aussi, sous ce prince, le clergé portugais, qui n'avait point d'esprit national, puisqu'il ne reconnaissait pour souverain que le pape, refusa-t-il de reconnaître la juridiction séculière, et de contribuer aux charges de l'état (1210). Ces scènes scandaleuses se renouvelèrent à l'égard de Sanche II (1223), qui, pour avoir osé toucher aux biens du clergé, fut excommunié, dépossédé, et alla mourir dans la retraite (1248). Pendant toute cette période de temps, la lutte entre les Portugais et les Maures continuait toujours, mais au désavantage des derniers, qui perdaient tous les jours du terrain. Alphonse III (1250) leur enleva le royaume des Algarves.

La noblesse seule jusqu'ici était intervenue dans les affaires de l'état;

elle seule avait formé les états assemblés par Alphonse Ier ; la masse de la nation était comptée pour rien, et était sous la dépendance des possesseurs de fiefs. Nous arrivons à une époque justement célèbre, où commencèrent à surgir les associations communales. Ce qui est bien autrement remarquable, c'est que cet essor fut favorisé par Denis Ier (1279), qui récompensa par l'affranchissement les hommes qui se faisaient remarquer par leur activité et leur industrie. Il encouragea l'agriculture, protégea les arts, les sciences et les lettres ; il fonda l'université de Coimbre. Ce prince, qui fut surnommé le *roi laboureur*, le *père de la patrie* (titre bien glorieux et qu'ont mérité fort peu de rois), *père des muses portugaises*, eut aussi des démêlés avec l'Église, qui soutint son fils révolté contre lui ; mais, fort de l'appui de la nation, avantage que n'avaient point eu ses prédécesseurs, Denis sortit vainqueur de cette lutte

(1325). Jusqu'ici les Portugais n'avaient eu à défendre leur territoire que contre les Maures; mais nous sommes arrivés au moment où va commencer la longue lutte du Portugal avec l'Espagne.

La première guerre que le Portugal soutint contre la Castille dura douze années, et ne cessa que peu de temps avant la fameuse journée du Salado ou de Tarisse (1340), dans laquelle les Castillans, les Aragonais et les Portugais réunis défirent une nombreuse armée africaine, qui venait tenter une seconde fois l'envahissement total de la Péninsule. C'est à cette même époque que Lisbonne éprouva le premier tremblement de terre; de plus une peste cruelle enleva la moitié de la population du Portugal. D'autres malheurs résultèrent pour le Portugal de la lutte insensée de Pierre ou dom Pèdre contre son père Alphonse IV, et ensuite quand il fut devenu roi, contre le souverain de l'Aragon, pour se saisir des meurtriers (1355) de la belle Inès de Castro, son épouse. Au milieu de ces calamités publiques, de ces débats bien peu intéressans pour le peuple, le commerce, la navigation et les pêcheries continuèrent de faire des progrès sous ces deux règnes, tant Denis leur avait donné une impulsion puissante. La guerre recommença (1369) avec la Castille, peu de temps après la mort de dom Pèdre; mais ce fut par l'ambition de Ferdinand Ier, successeur de Pierre, qui prétendit à la couronne de Castille. Cette guerre fut longue, pénible et terminée enfin par la médiation du cardinal Gui de Boulogne, légat du pape. Les Portugais ne firent qu'assister à cette guerre dispendieuse, que malheureusement ils durent payer de leur sang et de leur bourse.

Cependant les états ne s'étaient point assemblés seulement pour ratifier l'élection d'Alphonse Ier, faite sur le champ de bataille : ils créèrent en outre plusieurs lois municipales; mais malheureusement aussi ils créèrent des priviléges. Ils réglèrent la succession au trône, ayant grand soin d'en expulser tout étranger, l'acquisition ou la perte de la noblesse; ils établirent comment les procédures seraient suivies, le mode de rendre les jugemens; ils définirent plusieurs délits et créèrent plusieurs peines afflictives. Ces états, tenus à Coimbre en 1212, promulguèrent des lois bien remarquables par l'esprit de liberté qui présida à leur rédaction. Ces lois établissaient l'égalité des hommes devant la loi, mais seulement en matières de contestations civiles; vingt jours devaient s'écouler entre la condamnation à mort et son exécution; disposition pleine de sagesse, qui n'existe pas dans notre Code, et qui peut prévenir les effets d'une trop grande précipitation, et rectifier une erreur dont les suites sont si cruelles. Mais ce qui est bien autrement remarquable, c'est que ces lois proclamèrent la liberté de conscience : le résultat forcé de la déclaration d'un tel principe fut la réforme d'une multitude d'abus résultant des usurpations du clergé. Cette réforme amena une espèce de révolte sacerdotale. De nouveaux états furent tenus en 1251, et d'excellentes lois aussi y furent promulguées ; ces lois formèrent le Code d'Alphonse III, auquel son fils Denis ajouta plus de vingt-deux lois respirant le plus grand amour de la justice. Une de ces lois autorisait les appels aux rois en toutes sortes de matières, sans qu'on puisse y opposer aucune fin de non-recevoir. Par ces mêmes lois, la mendicité était proscrite et les pouvoirs du clergé de nouveau limités.

Les commencemens de la monarchie portugaise, comme ceux de presque toutes les monarchies, furent donc *entachés* d'un grand esprit d'indépendance ; mais ces premiers temps, où le peuple jouissait de quelque liberté, furent toujours de courte durée. Les grands, avides de pouvoir et de richesse, commencent à envahir les libertés publiques; ils exercent bientôt une oppression qu'ils n'ont pas permise au trône. Les rois, alors obligés de réprimer leurs grands vassaux, entrent dans la route du despotisme, et ils s'y maintiennent jusqu'à ce que le peuple fatigué n'y puisse plus tenir, et reprenne en masse les libertés qu'il s'est laissé enlever une à une. C'était le roi qui convoquait les états; il les dissolvait aussi. Outre les grands qui formaient la majeure partie de ces états, les municipalités y envoyaient leurs députés. Dans les cortès de Coimbre, sous Jean Ier, les députés du peuple refusèrent des subsides pour une guerre que ce peuple voulait faire; à quoi ce roi répondit qu'il ne ferait jamais la paix ou la guerre qu'avec le consentement de ses peuples. C'était donc à ces états que les rois demandaient des subsides; et les députés du peuple, tout le temps qu'ils n'eurent pas perdu leur influence dans ces assemblées, déterminaient ce qu'il fallait accorder à leurs princes. Il sera facile de concevoir que les intérêts de la nation devaient être rarement bien défendus dans ces assemblées, quand nous aurons dit que rien n'était plus irrégulier et plus variable que la manière dont ces assemblées étaient composées. Qu'espérer en effet d'une représentation nationale dont le mode de composition est asservi au bon plaisir du pouvoir? Il n'est pas probable que le souverain les composera de manière à ce qu'il soit contrecarré dans sa volonté, à moins qu'il ne veuille rien de contraire aux véritables intérêts de son peuple; phénomène qui est malheureusement trop rare.

Les états portugais s'assemblèrent de nouveau en 1483 à Estremos; ce fut pour violer les lois fondamentales du royaume, qui, comme nous l'avons vu, excluaient du trône tout prince étranger, en ratifiant le vœu de Ferdinand Ier, qui avait voulu donner la couronne à Jean V de Castille, auquel il avait donné sa fille. Mais Jean-le-Bâtard, frère de Ferdinand, avait un parti puissant en Portugal; il fut proclamé régent et protecteur du royaume. De nouveaux états assemblés à Coimbre annulèrent ce que ceux d'Estremos avaient fait. Ils firent bien, mais ces actes d'une assemblée, défaits par une autre assemblée, prouvent trop qu'elles n'avaient plus d'indépendance. C'étaient toujours l'aristocratie et le clergé qui composaient ces états; mais ces deux corps étaient devenus d'autant plus avides de pouvoir et de richesse, qu'il leur en avait été accordé davantage. Les états ne votaient plus que pour le prince qui leur promettait le plus de richesse et le plus de pouvoir. Quant au *tiers-état*, il était rentré dans l'obscurité dont l'avait fait sortir pour un moment le roi Denis. En prêtant assistance à

Jean-le-Bâtard, l'assemblée des états agit conséquemment aux lois fondamentales du royaume, mais se trompa dans son calcul; car ce prince confirmé dans le titre de régent par l'assemblée de Coimbre, et ayant pris celui de roi en vertu d'une nouvelle tenue des états à Coimbre, après s'être affranchi de tous ennemis (1390) extérieurs, en battant à plusieurs reprises les Castillans et leurs nouveaux alliés les Anglais, ne s'occupa plus que de réprimer l'aristocratie devenue trop puissante. Il le fit avec le plus grande promptitude (1394) et avec le plus grand succès. C'est de cette époque que commence pour le Portugal une ère de gloire presque fabuleuse; ce fut aussi le beau temps de la chevalerie.

Les trois aînés du fils de Jean, voulant gagner leurs éperons, lui demandent et obtiennent de lui la permission d'aller assiéger Ceuta, ville puissante d'Afrique, située sur le détroit de Gibraltar. Les Maures résistèrent en vain, cette ville fut prise d'assaut. Les Maures vinrent en nombre effrayant pour la reprendre au prince Henri resté en Afrique, mais ils furent repoussés. Ce prince était très-éclairé et fort instruit ; il dirigea tous les voyages entrepris de son vivant pour explorer et conquérir les côtes d'Afrique. Il établit la première école de navigation qui ait existé en Europe : Christophe Colomb vint s'y perfectionner.

Dans le même temps (de 1418 à 1420), Gonzalez Zarco et Tristan Vaz découvrent les îles Porto-Santo et Madère. Quatre ans après , les îles Canaries reçoivent le pavillon portugais. Gilianes double pour la première fois le Cap Non (1728). Au même moment, Gonzalho-Velho-Cabral aborde à Santa-Maria, et découvre l'archipel des Açores; Gilianes continuant ses excursions, arrive (1435) à la baie Angra de Ruyoos; Nuno de Tristan et Antonio Gonzalez s'avancent jusqu'à l'île Arguin, où commence l'affreux commerce des esclaves nègres. Au milieu de ces courses maritimes, le roi Jean était mort de la peste (1433). Édouard, son fils et son successeur, n'ayant point obtenu du pape l'autorisation d'occuper les Canaries, envoie en Afrique sept mille Portugais sous les ordres de ses fils : cette armée est anéantie sous les coups d'une innombrable armée africaine, commandée par le roi de Fez.

Le roi Édouard porta les derniers coups à l'aristocratie (1437), et lui enleva une grande partie de ses biens. Après sa mort (1438), les états s'assemblèrent pour confier la régence à dom Pèdre, oncle du jeune roi Alphonse V, à l'exclusion de la mère de ce prince qui était étrangère.

Les découvertes continuaient ; on avait atteint le Cap-Vert ; les Açores se peuplaient ; les conquêtes sur les côtes d'Afrique s'étendaient malgré le peu de succès d'une première expédition (1458) contrariée par la peste et un grand échec éprouvé encore sous les murs de Tanger, Alcazar-Signer, Anage, Arsilla et la ville de Tanger elle-même, furent successivement conquises. Cadamosto, Vénitien, au service du Portugal, conduisant les Portugais navigateurs, reconnaît et soumet l'archipel du Cap-Vert, le Sénégal, la rivière de Gambie et le Rio-Grande, la côte de Guinée, Sierra-Léone, le cap Mesurado et la Côte-d'Or. Fernando, de son côté, découvre plus tard les îles de Saint-Thomas, du Prince, d'Annobon et de Fernando. Cependant l'aristocratie portugaise, terrassée par Édouard, avait reconquis une grande partie de son influence et de ses richesses; mais Jean II, successeur d'Alphonse, mort de la peste, la réprima de nouveau en annulant les donations qui lui avaient été faites. Le plus grand coup que ce prince porta à la puissance aristocratique, fut de supprimer entièrement les justices seigneuriales, et de soumettre les terres et les villes, qui, érigées en fiefs, avaient été jusqu'à ce moment gouvernées par les nobles, à la juridiction des officiers royaux.

Sous ce prince, la domination portugaise sur la côte occidentale d'Afrique, se consolida. En 1482, le fort Saint-Georges de la Mina fut bâti par Diégo d'Azambuja, la côte de Congo et le royaume de Benin furent explorés par Diégo de Cono et Alphonse d'Aveiro, qui y établirent des relations. Enfin Barthélemi Diaz double le premier, en 1486, l'extrémité méridionale de l'Afrique, et ce cap est nommé par lui *cap des Tempêtes*, mais Jean II lui donna celui de *cap de Bonne-Espérance*.

Un tel agrandissement devait nécessairement répandre l'opulence en Portugal, non-seulement parmi les grands, mais aussi parmi les particuliers, et, au moment où nous sommes arrivés, on citait déjà des individus possédant des richesses immenses, qu'ils employèrent pour alimenter et agrandir le commerce. Comme l'Espagne, de son coté, était aussi animée de cet esprit aventureux qui poussait tous les Portugais vers les régions éloignées, en 1494, Jean II et le roi d'Espagne établirent une ligne de démarcation entre leurs possessions d'outre-mer. Il fut convenu que tous les pays situés à trois cent soixante milles à l'ouest du méridien des îles du cap Vert appartiendraient à la couronne de Castille, et tous ceux qui se trouvaient à l'est du même méridien, à la couronne de Portugal. Cette démarcation fut confirmée par le pape Alexandre VI. On voit qu'à cette époque les papes intervenaient dans toutes les affaires des princes européens. Jean II avait opprimé la noblesse; celle-ci se vengea, en l'empoisonnant (1495), de la perte de ses priviléges, et secoue ainsi le joug sous lequel sa fierté avait été obligée de se courber.

Emmanuel succéda à Jean II, et son règne, par un concours de circonstances fortuites, fut l'époque la plus brillante de l'histoire du Portugal; il vit naître Vasco de Gama, Albuquerque et Almeida. Le premier double le cap des Tempêtes, visite une partie de la Cafrerie, découvre l'île de Mozambique, et de Mélinde va à Calicut et sur les côtes de Malabar; il s'arrête à Goa (1498), d'où il revient à Lisbonne. A peine est-il arrivé, que Pierre Alvarès Cabral part avec treize vaisseaux, découvre le Brésil, aborde le premier à Quiloa, d'où il passe dans l'Inde (1500). Emmanuel n'était point aussi heureux que ces capitaines, et toutes les expéditions qu'il s'entêta à armer contre l'Afrique furent malheureuses. Toutes ces guerres, entreprises contre des nations nombreuses et pleines de bravoure, ne furent plus que des massacres mutuels dans lesquels les Portugais finirent par avoir toujours le dessous, ce qui amena leur expulsion presque absolue des conquêtes qu'ils avaient faites en Afrique. Il faut que nous fassions remarquer qu'au moment où cette expulsion fut presque définitive, les Maures de Tetuan (1520) commencèrent à armer en course ; de sorte qu'on ne saurait douter que cette guerre d'un siècle et demi que le Portugal fit aux Maures de l'Afrique, ayant changé en déserts les plus belles plages qui soient au monde, force fut que ces Maures, qui avaient prouvé qu'ils étaient éminemment agricoles et industrieux, devinssent ce qu'ils sont encore maintenant, des brigands avides de sang et de carnage.

Le premier acte du règne de cet Emmanuel, auquel nous ne savons trop pourquoi quelques historiens ont donné le surnom de Grand, avait été l'expulsion des Maures et des juifs qui avaient formé de nombreux établissemens dans son royaume. Les jeunes *infidèles* des deux religions furent réduits en esclavage et baptisés ;

mais ces infidèles, forcément convertis, n'étaient pas vus plus favorablement de la race des vieux chrétiens; et, en 1506, les exhortations de deux dominicains, fanatiques furieux, firent massacrer par le peuple de Lisbonne trois mille juifs de tout âge et de tout sexe, parce qu'un d'entre eux avait paru douter qu'un phénomène de physique des plus simples fût un miracle! Emmanuel, à la vérité, fit pendre les deux moines et leurs complices, et Lisbonne fut punie par la perte momentanée de ses priviléges.

Albuquerque, l'homme le plus extraordinaire de cette époque, et auquel le Portugal doit la plus grande partie de la gloire qu'il acquit à l'époque que nous décrivons, venait de découvrir l'île de Zamzibar (1503). Presque dans le même temps qu'Antoine Almeida découvrait les îles de Ceylan et de Sumatra, et que son frère François prenait possession des îles Maldives (1506), l'entreprenant Albuquerque faisait la conquête d'Ormuz, qui était alors l'entrepôt du commerce du royaume de Perse avec toutes les contrées de l'Inde. Il était difficile que tous les peuples que lésait la prise d'Ormuz ne cherchassent point d'un commun accord à déposséder Albuquerque : deux fois il fut assiégé dans les deux ports d'Ormuz, par les flottes réunies de ces peuples, que Venise, qui se voyait enlever l'empire des mers par Lisbonne, excitait à la guerre : deux fois, avec cinq navires, Albuquerque détruisit ses nombreux adversaires. Antoine Almeida, deux ans plus tard (1509), ne fut pas moins heureux contre les flottes combinées des rois de la presqu'île. Ces importantes victoires, et bien d'autres non moins profitables que nous omettons forcément, furent suivies de l'occupation de l'île de Goa. Les habitans, sous la conduite de leur roi Idalcan, réussissent à chasser les Portugais. Mais Albuquerque, profitant du moment où ce roi est en guerre avec son voisin, emporte une seconde fois Goa d'assaut ; et, pour s'assurer sa conquête, il fait exterminer tout ce qui peut porter les armes. Goa, située dans l'île de Ticuarin, était aussi commerçante, aussi opulente qu'Ormuz. Le catholicisme, non moins envahissant que les armées victorieuses, marchait à la suite des Portugais conquérans, et ses conquêtes, que l'inquisition n'était point encore venues ensanglanter, étaient plus sûres que celles du pouvoir politique.

Mais revenons aux conquêtes des Portugais dans l'Inde; laissons parler M. Rabbe, qui a tracé habilement et en peu de mots le tableau de leur puissance dans ce pays (1510 à 1520.)
« La prise de l'île de Goa avait entraî-
« né celle des îles de Choran, Divar
« et Salsette. La presqu'île de Malacca
« avait subi le même sort, et les rois
« de Siam et de Sumatra avaient re-
« connu la protection d'Albuquerque.
« Ce grand capitaine bâtissait des for-

« teresses à chaque pas. Cette pré-
« voyante politique l'avait rendu maî-
« tre absolu de Calicut ; ensuite il
« était aisément parvenu à expulser les
« Arabes d'Aden, et à ouvrir la mer
« Rouge aux flottes portugaises. A la
« même époque, Jacques Sigueira
« faisait alliance avec plusieurs prin-
« ces de la partie occidentale de l'île
« de Sumatra, et Antoine Abren dé-
« couvrait les Moluques. Les Portu-
« gais s'y établirent aussitôt, toujours
« en commençant par élever des forts.
« Tidor et Ternate furent les pre-
« miers de ces établissemens.

« Malgré les deux ports qui faisaient
« l'orgueil et la puissance de la ville
« d'Ormuz, Albuquerque donna la
« préférence à celle de Goa, pour en
« faire le siége de l'empire portugais
« dans l'Inde. Les compagnons de sa
« conquête, et la plupart de ceux que
« Lisbonne envoyait tous les ans, s'y
« établirent ; Goa fut bientôt une
« autre Lisbonne. C'est là qu'entouré

« de ses guerriers, Albuquerque partageait entre eux les terres des vaincus, leur donnait pour épouses « les filles des Maures et des Indiens, « exterminés ou chassés par leur valeur, et se plaisait à présider aux « plaisirs et aux fêtes qui enchaînaient « un moment l'activité dévorante de « ces brillans dévastateurs de l'Asie. « C'est là qu'il recevait les ambassadeurs des princes des contrées opulentes qu'arrose le Gange, comme s'il « eût été un monarque plus puissant « qu'eux tous. » Arrivé à l'apogée de sa gloire et de sa puissance, Albuquerque tomba malade et mourut au moment où la cour de Portugal, voyant avec inquiétude ce colosse, lui envoyait un successeur.

La mort d'Albuquerque n'interrompit point les découvertes. Abreu, qui avait découvert les Moluques, découvrit encore les îles de Java et de Borida et celle d'Amboine. En outre, les rois des îles de Tidor et de Ternate, s'étant servi de la vaillance des soldats portugais de l'expédition d'Abren, les appelèrent auprès d'eux et leur offrirent des établissemens. Les îles de la Sonde, les souverains de l'île de Sumatra n'accueillirent pas aussi bien les Portugais ; et, quand ils cédèrent, ce fut à l'autorité de la conquête. Au milieu de ces derniers événemens, Emmanuel mourut (1521). « Trente « années avaient suffi pour faire crain-« dre et respecter le nom portugais « jusqu'au Japon, et du fond du Golfe « persique jusqu'aux plaines du Visa-« pour, jusqu'aux sources du Gange. « Cent forteresses hérissées de canons « servirent de garantie à cette nou-« velle puissance, à ce colossal em-« pire. »

Cet immense empire des Indes devait s'écrouler avec celui qui l'avait fondé, et la mort d'Albuquerque fut le signal de la décadence de la puissance portugaise en Asie. Raynal a parfaitement tracé les causes de cette décadence. Nous ne pouvons rien faire de mieux que de répéter ses propres expressions :

« Tous les avantages résultant des « conquêtes d'Albuquerque, d'Almei- « da, de Cabral, etc., pouvaient for- « mer une masse de puissances iné- « branlables ; mais les vices et l'ineptie « de quelques commandans, l'abus des « richesses, celui de la puissance, l'i- « vresse des succès, l'éloignement de « leur patrie, avaient changé les Portu- « gais. Le fanatisme de religion, qui « avait donné plus de force et d'acti- « vité à leur courage, ne leur donnait « plus que de l'atrocité. Ils ne se fai- « saient aucun scrupule de piller, de « tromper et d'asservir les idolâtres. Ils « pensaient que le pape, en donnant « aux rois de Portugal les royaumes « d'Asie, n'avaient pas refusé à leurs « sujets les biens des particuliers. « Tyrans des mers et de l'Orient, ils « y rencontraient les vaisseaux de tou- « tes les nations. Ils ravageaient les

« côtes, ils insultaient les princes, et « ils devinrent dans peu l'horreur et « le fléau des peuples.

« Le roi de Tidor fut enlevé dans « son palais et massacré avec ses en- « fans, qu'il avait confiés aux Portu- « gais.

« A Ceylan, les peuples ne culti- « vaient plus la terre que pour leurs « nouveaux maîtres qui les traitaient « avec barbarie.

« Ils avaient établi l'inquisition à « Goa, et quiconque était riche deve- « nait la proie de cet infâme tribunal.

« Faria, envoyé contre des cor- « saires malais, chinois et autres, alla « piller les tombeaux des empereurs « de la Chine dans l'île de Calampai.

« Souza faisait renverser toutes les « pagodes sur les côtes de Malabar, et « on égorgeait inhumainement tous « les malheureux Indiens qui allaient « pleurer sur les ruines de leurs tem- « ples.

« Correa terminait une guerre vive

« avec le roi de Pégu, et les deux « partis devaient jurer l'observation « du traité sur les livres de leurs reli- « gions. Correa jura sur un recueil de « chansons, et crut éluder un engage- « ment par ce vil stratagême.

« Nuno d'Acunha voulut se rendre « maître de l'île de Daman, sur les « côtes de Cambaye : les habitans of- « frirent de la lui céder, s'il voulait « leur permettre d'emporter leurs ri- « chesses. Cette permission fut refusée, « et Nuno les fit tous passer au fil de « l'épée. »

« Diégo de Sylveira croisait dans la « mer Rouge. Un vaisseau richement « chargé le salua. Le capitaine vint à « son bord, et lui présenta, de la part « d'un général portugais, une lettre « qui devait lui servir de passeport. « Cette lettre ne contenait que ces « mots : Je supplie les capitaines des « vaisseaux du roi de Portugal de s'em- « parer du navire de ce Maure, comme

« de bonne prise. Sylveira s'empara « du navire.

« Bientôt les Portugais n'eurent pas « les uns pour les autres plus d'huma- « nité et de bonne foi qu'ils n'en « avaient pour les naturels du pays. « Presque tous les pays où ils com- « mandaient étaient divisés en factions.

« Il régnait partout dans leurs « mœurs un mélange d'avarice, de « débauche, de cruauté et de dévo- « tion. Ils avaient la plupart sept ou « huit concubines qu'ils faisaient tra- « vailler avec la dernière rigueur, et « auxquelles ils arrachaient l'argent « qu'elles avaient gagné par leur tra- « vail. Il y a loin de cette manière de « traiter les femmes aux mœurs de la « chevalerie.

« Les commandans, les principaux « officiers, admettaient à leur table « une foule de ces chanteuses et de ces « danseuses dont l'Inde est remplie. « La mollesse s'était introduite dans les « maisons et dans les armées. C'était

« en palanquins que les officiers mar-
« chaient à l'ennemi. On ne leur trou-
« vait plus ce courage brillant qui
« avait soumis tant de peuples. Il était
« devenu difficile de faire combattre
« les Portugais lorsqu'il n'y avait pas
« l'apparence d'un riche butin. Bien-
« tôt le roi de Portugal ne toucha plus
« le produit des tributs que lui payaient
« plus de cent cinquante princes de
« l'Orient ; cet argent se perdait en
« passant d'eux jusqu'à lui. Il régnait
« un tel brigandage dans les finances,
« que les tributs des souverains, le
« produit des douanes qui devait être
« immense, les impôts qu'on levait
« en or, en argent, en épiceries, sur
« les peuples du continent et des îles,
« ne suffisaient pas pour l'entretien de
« quelques citadelles et l'équipement
« des vaisseaux nécessaires. »

Les rois et les princes des Indes révoltés de tant d'excès, voyant quelle faible puissance les opprimait, voulurent reprendre leur ancienne possession sur leurs vainqueurs. Toujours vaincus, ils revenaient toujours à la charge. Les Portugais étaient toujours vainqueurs ; mais, quand chaque fois ils n'eussent perdu qu'un seul homme sur mille qu'ils massacraient, il fallait qu'un jour ou l'autre ils succombassent dans cette lutte inégale.

Tel était donc (1523) l'état des choses à l'extérieur : il n'était point plus satisfaisant à l'intérieur. Des vaisseaux chargés de trésors arrivaient en vain tous les ans ; ils fournissaient à peine à des besoins sans cesse renaissans, qu'un sol devenu sans culture, et que des habitans sans industrie, ne pouvaient plus satisfaire. Jean III régnait (1524). On dit que ce prince était bon : je réponds que ce fut sous son règne que l'infâme tribunal de l'inquisition fut établi en Portugal (1536). « Périsse l'odieuse mémoire des rois « qui ont couvé le monstre dans leur « sein ! s'écrie à ce sujet le généreux

« auteur que nous suivons*, et honte « à l'écrivain, soit obscur ou célèbre, « à qui sa conscience n'arrachera pas « le même cri qui nous est échappé, « quand il parlera de l'inquisition ! » L'établissement des jésuites suivit de près (1536) celui de l'inquisition ; de sorte que ces deux fatales apparitions viennent comme deux fâcheux météores annoncer au Portugal sa décadence future. Jean III fonda pour les jésuites la maison de Saint-Antoine, à Lisbonne, et leur donna ensuite plusieurs autres domaines. Ces nouveaux hôtes eurent bientôt acquis des possessions tellement immenses, tant en Portugal que dans les pays conquis, qu'ils avaient *douze cent mille ducats de rente*. Jean III ne s'arrêta pas là : il se fit jésuite. Alors les bons pères furent les vrais rois de Portugal ; l'institution de la jeunesse noble leur fut confiée ; ils en profitèrent pour corrompre absolument cette noblesse, qui n'avait

* M. Alphonse Rabbe.

plus d'autre vertu que leur amour pour leur roi, et l'imprégnèrent fortement de la théorie de l'assassinat et du régicide.

Jean III ne fut cependant pas sans vertus : dans un règne de trente-six ans, il fit quelque bien, fonda quelques établissemens utiles, fit plusieurs réformes législatives, entre autres celle de la loi qui condamnait les criminels à recevoir sur le front la flétrissure, et le fer rouge ne fut plus appliqué que sur l'épaule. Mais aussi il ne manqua pas de faire brûler vif un insensé qui, dans un accès de délire, arracha l'hostie des mains du prêtre officiant en présence du roi, et s'écria en saisissant le saint ciboire : « Quoi! toujours « cette folie! » On peut penser de ce prince que tout ce qu'il fit de bien venait de lui, et que ce qu'il fit de mal lui fut insinué par des hommes « qui « portaient un crucifix dans une main « et un poignard dans l'autre, avec

« ces mots pour devise : « *Contrains-*
« *les d'entrer !* »

Cependant, avant que la décadence des Portugais fut complète dans les Indes, décadence dont Raynal nous fait apprécier les causes, quelques hommes, dignes successeurs d'Albuquerque, rétablirent sur des bases, momentanément solides, *l'empire de l'Asie portugaise*, et l'agrandirent même. Lopès Soarès d'Alvarenge avait succédé à Albuquerque dans la vice-royauté des Indes; après lui avait été vice-roi Georges Siguiera, auquel avait succédé Édouard de Menezès. Ce dernier vice-roi n'avait qu'une seule sollicitude, celle d'emplir ses coffres; aussi l'empire allait-il rapidement en dépérissant, et il ne fallut rien moins que le vieux Gama pour rétablir les affaires. Sa présence seule produisit cet heureux résultat, mais il mourut peu de temps après. Henri de Menezès lui succéda, et il était digne en tout point de lui succéder. Cet homme juste, plein d'intelligence et de probité, mourut deux ans après, si pauvre, qu'on ne trouva point chez lui de quoi pourvoir à ses funérailles. Sampajo succéda à Menezès, non pas sans quelques discussions. Il fallut que par ses intrigues il l'emportât contre Mascarenhas, qui avait été désigné pour succéder à Henri de Menezès (1527). Sampajo fut rappelé, et Nuno d'Acunha fut envoyé pour lui succéder, avec neuf vaisseaux, un galion et huit mille soldats. M. Alphonse Rabbe fait remarquer à ce sujet, « que la « nation conquérante en Asie avait un « besoin continuel de se recruter de « renforts envoyés par la mère-patrie. « Ce qui ne périssait pas dans les com- « bats, était tué par le climat, ou se « fondait dans les populations indien- « nes, et produisait une race mêlée, « plus empreinte sans doute du sol « que de l'origine paternelle.

« Ce mélange, continue le même « auteur, dut être une des principales

« causes de l'affaiblissement de la puis-
« sance portugaise. » Cette conjecture, quoique présentée avec doute, n'en est pas moins extrêmement plausible.

Henri de Menezès, ayant été obligé, par les circonstances, de démolir la citadelle de Calicut, avait conçu le projet de s'emparer de Diu, qui lui paraissait être un poste très-important. Nuno d'Acunha s'empara de cette ville de Diu (1531), et y fit construire une forte citadelle. Les Ottomans, qui se voyaient fermer absolument le commerce des Indes, voulurent reprendre Diu. Ils vinrent l'assiéger avec des forces considérables. Ce siége dura trois mois, et l'on vit six cents Portugais tenir tête, pendant tout ce temps, à vingt-deux mille hommes, et forcer, au bout de ce temps, les assiégeans à se retirer. Des six cents Portugais, il n'en restait plus que quarante en état de porter les armes.

Au milieu de cette nouvelle période de prospérités dans les Indes, Lisbonne et le Portugal étaient le théâtre des plus affreux désastres. Un épouvantable ouragan dévaste toutes les campagnes, et presqu'au même moment un terrible tremblement de terre ébranle tout le Portugal. La terre s'entr'ouvre en plusieurs endroits; les villes de Sanctarem et d'Almérin sont abîmées avec toute leur population. La ville de Lisbonne elle-même périt en partie. Cette épouvantable convulsion dura huit jours. A la fin, le Tage, lancé hors de son lit, inonde presque tout le pays qu'il parcourt, et submerge toutes les moissons qui étaient encore sur pied.

Alphonse de Souza avait succédé à Noronha. Des navigateurs portugais découvrirent dans le même temps le Japon et s'y établirent, mais ils ne tardèrent point à en être expulsés pour toujours. Jean de Castro succède (1546) à Martin de Souza, dans la royauté, et l'on vit renaître pour l'Asie portugaise les beaux jours d'Albuquerque. Dès le commencement de son régne, Diu fut assiégée une seconde fois. Cojé Sophar, ministre favori du roi de Cambaye, qui avait excité les Ottomans à venir faire le premier siége de cette ville, vint en personne l'assiéger. Il périt dès le commencement. Son fils Rumecan prit le commandement de l'armée, et continua le siége. Jamais les Portugais n'eurent un plus digne adversaire. Il perdit aussi la vie à ce siége, après des prodiges de bravoure de la part de ses soldats, qui, sous les ordres d'un aussi grand chef, étaient devenus égaux aux Portugais. Ce second siége dura huit mois. Jamais la lutte entre les Indiens et les Portugais n'avait été aussi égale, et le résultat plus long-temps douteux. L'escadre du nouveau vice-roi paraissait dans le golfe de Cambaye, qu'on combattait encore de part et d'autre avec le même acharnement. Cette vue ranima le courage faiblissant des assiégés. Ce dernier combat, commencé le matin, se prolongea toute la nuit et même tout le jour suivant. La mort de Rumecan décida seule la victoire en faveur des Portugais, et la place importante de Diu fut définitivement leur conquête. Jean de Castro rentra à Goa. C'est pendant la durée de ce siége que ce vice-roi, qui jouissait de la plus haute réputation de probité demanda à emprunter à des juifs cent mille écus, en leur envoyant, pour gage, une de ses moustaches. Les juifs auxquels il s'était adressé, pleins de confiance en son honneur, lui renvoyèrent le gage et une somme plus considérable que celle qu'il avait demandée.

« A travers toutes ces vicissitudes « de la conquête*, l'Église poursuivait « tranquillement le cours de ses pro-« grès, ne perdant jamais un pouce du « terrain qu'elle avait gagné. Deux « évêchés venaient d'être érigés (1560), « l'un à Cochin, l'autre à Malacca,

* Nous citons textuellement M. Rabbe.

« suffragans tous deux de Goa, qui « jouissait, dès l'origine, du titre de « métropole des Indes chrétiennes. « Les jésuites s'infiltraient dans tous « les établissemens portugais, absor- « baient toutes les dignités de l'Église, « convoitaient la Chine, et commen- « çaient à persécuter les autres reli- « gieux, leurs rivaux, dans ce profita- « ble apostolat. Quant à l'inquisition, « la flamme sinistre des bûchers qu'elle « allumait à Goa, épouvantait déjà « l'Europe. »

Jean III laissait en mourant, pour lui succéder au trône, Sébastien, son petit-fils, âgé de trois ans; par son testament, il avait nommé Catherine d'Autriche, sa femme, régente du royaume. Mais les jésuites ne voulaient pas de cette femme, qui quitta la régence au grand regret de la nation. Ils voulaient de don Henri, un des fils de Jean III, et cardinal; aidés par le père Louis de Camara, membre de leur société et précepteur du jeune prince, ils parvinrent à leurs fins. Il est presque inutile de dire qu'avec un tel précepteur, don Sébastien fut élevé dans les maximes d'un dévouement absolu au pape et à la société; et, quand à l'âge de quatorze ans il fut couronné (1568) à la suite d'une décision des états assemblés qui avaient pris le nom de cortès, il parut à son couronnement avec un chapeau et une épée que Pie IV lui avait envoyés, après les avoir bénis de sa propre main. C'était, de la part des jésuites, un coup de haute politique, que de s'être absolument emparés, de l'esprit d'un jeune prince plein d'ardeur, de courage, et qui commandait à une nation qui, quoique épuisée, montrait encore assez d'énergie pour conserver tout ce qu'elle avait conquis dans sa première fougue, si elle eût été bien commencée. La société, maîtresse du Portugal, le devenait bientôt de l'Asie portugaise. Ne pouvait-elle point alors espérer qu'elle parviendrait, avec les richesses de l'Asie, à dominer le monde entier.

Ce fut sans doute pour consumer l'ardeur de leur élève, car ce jeune prince possédait tous les élémens nécessaires pour constituer un homme remarquable, que les jésuites lui conseillèrent et lui firent conseiller l'expédition insensée qu'il entreprit contre l'Afrique. On serait aussi tenté de croire que les instigateurs de cet acte insensé étaient les agens de Philippe II, roi d'Espagne, qui nourrissait l'espoir de s'emparer du Portugal sans coup férir, si Sébastien venait à mourir sans enfans; et il devait en être ainsi, puisque ce roi, élevé dans les principes de la chasteté la plus sévère, ne pensa jamais à se marier. La manière dont se firent les préparatifs de cette folle expédition pouvait déjà faire prévoir quelle en serait l'issue. Les conseils de don Juan de Mascarenhas, guerrier qui avait blanchi dans les Indes et qui s'était couvert de gloire en défendant

Diu contre Rumecan, ceux de Ferdinand de Pina et de Martin Alphonse de Souza, qui, tous désapprouvaient hautement cette guerre, furent tournés en dérision. Le pape, complice aussi, sans doute, du roi d'Espagne, avait autorisé qu'on fît contribuer les églises du royaume; de plus, un tribut considérable fut levé sur les juifs, qui espérèrent, par ce sacrifice, échapper aux bûchers de l'inquisition.

Enfin, l'armée qui devait faire la conquête des deux tiers et demi du globe, partit le 25 juin 1568. La flotte qui la portait était composée de plus de mille voiles. Cette armée était environ de vingt mille hommes, dont neuf mille fantassins et quinze cents cavaliers seulement, étaient portugais; le reste était allemands, espagnols et italiens. C'était avec des forces si peu considérables qu'on allait attaquer Muley-Moluch, roi de Maroc, qui commandait une armée de cent mille hommes, dont quarante mille cavaliers qui combattaient pour leurs foyers, et qui avaient pour chef un homme admirable. « Quand la bataille se donna, « dit M. Rabbe, que nous avons toujours « un plaisir indicible à citer, Muley-« Moluch était expirant. Par une rare « force d'âme, triomphant de l'épui-« sement d'une nature défaillante, il « ne laissa pas de se montrer à cheval, « courant de rang en rang, pour ex-« horter les Maures à la défense de « leur religion et de leur patrie, par-« lant du prophète, et montrant le « koran comme aux jours de ferveur « de l'islamisme; prenant toutes les « dispositions d'un capitaine habile. « On dit même qu'il menaça son frère, « qui commandait une division con-« sidérable de son armée, et sur le « courage de qui il comptait peu, de « l'étrangler de ses propres mains, s'il « ne faisait pas son devoir. Ayant « ainsi enflammé les braves, intimidé « les faibles, et pour ainsi dire orga-« nisé la victoire, il se fit reporter

« dans sa litière, où il rendit le der-
« nier soupir, en mettant un doigt sur
« sa bouche pour recommander le si-
« lence. On n'a jamais mieux vaincu
« avec la mort dans le sein. » Pendant toute la durée de la bataille, le secret fut rigoureusement observé sur cet événement, qui seul aurait pu dérouter les Maures. Le renégat Humat-Taba, un des généraux de Moluch, se tenant auprès de la litière, entr'ouvrait de temps en temps le rideau, comme pour recevoir des ordres de celui qui ne vivait plus. Muley-Hamet, frère du défunt, d'accord avec ce fidèle serviteur, les donnait à la place de celui qui n'était plus. Et cet à-propos inestimable de présence d'esprit et de sang froid fut couronné du plus complet succès. Plus de la moitié de cette brillante armée fut massacrée, et le cadavre de Sébastien fut trouvé au milieu des morts ; il était percé de sept blessures mortelles. Ce prince, digne d'un meilleur sort, au moment où il

avait vu son armée cernée de toutes parts par les innombrables bataillons maures, s'était jeté au milieu de la mêlée, et n'avait succombé qu'aprés avoir eu trois chevaux de tués sous lui.

Pendant que ces désastreux événemens se passaient, le Camoëns, poëte éminemment patriote, languissait dans un hôpital à Lisbonne. Il apprend le malheur qui pèse sur sa patrie; il oublie son ressentiment, l'abandon où le laisse l'ingrate, et il pleure sur son sort. Sur le point de mourir, il écrivait: « Enfin, je terminerai ma vie, « et tout le monde verra que j'ai été « si attaché à ma patrie, que, non « content d'y mourir, je suis mort « avec elle..... » Il tint parole, car il ne tarda point à mourir (1576).

Au milieu de si graves circonstances, les cortès s'assemblèrent le 11 avril 1679. Elles avaient été convoquées par le nouveau roi, le cardinal Henri. Il fit, à la vérité, cette convocation contre son gré, mais il paraît qu'il ne put pas résister au vœu de la nation. Ce prêtre-roi, qui avait failli être nommé pape après la mort de Paul III, tant il était dévoué aux intérêts de Rome et des jésuites, pressé par la nation de se donner un héritier, fut assez insensé, malgré ses soixante-sept ans, pour demander au pape Grégoire XIII la permission de se marier. Les concurrens à cette couronne étaient nombreux : Rome, qui voulait recueillir la succession d'un cardinal; Catherine de Médicis; Élisabeth d'Angleterre; le prince Ramire de Parme; Emmanuel Philibert de Savoie; Catherine, duchesse de Bragance, petite-fille d'Emmanuel; Antoine, prieur de Crato, bâtard de l'infant dom Luis; mais, pardessus tout, Philippe d'Espagne. Les cortès assemblées à Lisbonne eurent à prononcer sur toutes ces prétentions.

Les cortès ayant sagement résisté aux instigations des jésuites, qui voulaient faire donner la couronne au pape, ceux-ci appuyèrent de tout leur crédit les prétentions du Castillan, qui s'était montré en toutes occasions leur protecteur juré. Le cardinal Henri inclina alors pour la princesse de Bragance; mais, par les intrigues de Philippe, les cortès furent transférées à Almerin, de sorte que cette princesse perdit l'appui du parti qui la soutenait, et qui n'avait d'influence qu'à Lisbonne. Depuis le prêtre-roi fut gagné par le jésuite Léon Henriquez. Il proposa alors aux cortès de transiger avec Philippe. Le clergé acquiesça de suite, il savait que ces transactions devaient être très-avantageuses pour lui. La noblesse finit aussi par se rendre. Les représentans seuls du peuple résistèrent à toutes les séductions et à toutes les menaces. Le projet de capitulation fut absolument rejeté par ces courageux citoyens, et Phébus Moniz, qui était le chef du parti populaire, conjura le cardinal-roi de se choisir un successeur, qu'autrement les représentans du peuple, en ayant le droit, lui en choisiraient un. Au milieu de toutes ces agitations le cardinal Henri mourut. Le duc d'Albe qui, par les ordres de son maître, se tenait tout prêt, entre en Portugal à la tête de vingt mille hommes, et fait tout à coup passer le Portugal sous la domination espagnole. De vils Portugais, stipendiés par l'étranger, avaient désarmé le peuple, remplacé par du sable la poudre qui se trouvait dans les arsenaux, et avaient confié toutes les places frontières à des agens du Castillan.

De nouveaux états s'assemblèrent (1581) après cet événement, à Tomar, pour traiter avec leur nouveau roi de l'organisation à donner au royaume, et réclamer les promesses de Philippe, qui s'était engagé à conserver aux Portugais leurs institutions, et à ne laisser arriver aucun Castillan aux emplois de l'administration portugaise. Mais la résistance du prieur de Crato lui offrit le moyen de manquer à toutes ses promesses. Il répondit aux demandes des nouvelles cortès, en leur faisant présenter des listes de proscription, en faisant décimer la multitude des partisans populaires du prieur, sans distinction de sexe ni d'habit, car deux mille moines furent noyés dans le Tage. Les cortès eurent cependant le courage de venir faire des réclamations à ce bigot féroce et superstitieux. Voici la réponse pleine d'une sanglante dérision, qu'il fit à ces justes réclamations : « De deux choses l'une, ou « le Portugal appartenait à Philippe, « ou il appartenait au prieur de Crato, « proclamé roi par une partie du peu« ple. Dans le premier cas, ceux qui « ont mis des conditions aux démar« ches qu'ils ont faites méritent la « mort, pour avoir vendu leurs ser« vices à leur souverain ; dans le se« cond cas, ils n'étaient que des traî« tres et des lâches, et doivent être « traités comme tels. »

Que devenait l'Asie portugaise au milieu d'aussi graves événemens? Elle doutait de la puissance de ses nouveaux maîtres. Les efforts glorieux de Jean de Castro avaient momentanément retardé la chute de cet empire. Mais ce grand homme ne fit que passer, et conséquemment ne fit que suspendre une décadence qui était imminente. Tous ces peuples, à demi conquis, étaient revenus de leur étonnement; les Portugais avaient perdu le prestige qui les entourait au début de leurs expéditions; ils avaient cessé depuis long-temps d'être invincibles. Cependant le pouvoir tomba encore entre plusieurs mains capables d'en soutenir le poids, et Constantin de Bragance, dom François Contigno, comte de Redondo, et surtout dom Luis d'Atayde, se montrèrent les dignes héritiers des Albuquerque, des Gama, des Menezès et des Castro. Sous quelques-uns de ces chefs, les Portugais s'étaient encore agrandis sur la côte du Malabar. En Afrique même, sur la côte orientale, Barreto et Homen, à la tête d'une faible armée, avaient pénétré dans le royaume du Monomotapa, jusqu'aux mines d'or de Butna et de Manica. Cette expédition pouvait avoir pour le Portugal les résultats les plus avantageux; mais un jésuite, le *révérend père Montclaros*, auquel le roi de Portugal avait confié un petit établissement dans le royaume de Mozambique, vilement jaloux de la gloire qu'allait acquérir Barreto; envieux des honneurs que ce capitaine avait mérités, des avantages qui devaient lui revenir de cette conquête importante, l'entrava d'abord de toutes manières, et définitivement l'empoisonna : de sorte que, pendant que des jésuites voulaient s'emparer de la couronne de Portugal, un jésuite, mécontent que ses intérêts privés fussent lésés, ne craignait pas de causer un dommage considérable à son souverain. Quelles tristes réflexions fait naître la conduite de ces religieux, qui, passant du service des autels à celui des princes, et abjurant les vertus qu'ils prêchent et dont ils devraient être les modèles, se montrent ambitieux et cupides jusqu'à trahir les intérêts de ceux dont ils tiennent leurs pouvoirs et leurs richesses !

Le revers de dom Sébastien en Afrique fut le signal de la ruine de la puissance portugaise en Asie. Les princes malabares et les Turcs se lient et conspirent pendant soixante ans, par des efforts sans cesse renaissans, à expulser ces tyrans incommodes. Philippe II, qui a su, par ses intrigues et ses armes, conquérir le Portugal, mais dont l'astuce et les armes ont échoué contre le courage et le patriotisme des Provinces-Unies (la Hollande), Philippe II, dont la politique a enfin été mise à défaut, donne à ses nouveaux sujets des ennemis à combattre, et procure aux peuples qu'il aurait désiré maintenir sous sa dépendance, des alliés,

alliés dangereux pour l'Inde, car ce sont de nouveaux maîtres. Au milieu de cette déconfiture générale, la valeur portugaise se montre encore avec un éclat qui rappelle les premiers temps de la conquête des Indes. Au siége de Chaul par Nizamaluc, prince malabare, un Portugais, dont le ventre a été ouvert d'un coup de sabre, retient d'une main ses entrailles qui s'échappent par la blessure, tandis que son autre main frappe encore l'ennemi qu'il a en face de lui. D'autres faits d'armes non moins remarquables illustrent le nom portugais aux siéges de Benastarim et de Goa, par Ibram Idalcan : ce nom d'Idalcan se représente toutes les fois que les Indes fatiguées essaient de secouer le joug de l'étranger. C'est sous le gouvernement de l'illustre comte d'Atongia, dom Luis d'Atayde, que ces derniers événemens se passent (1570-1571).

Après la mort de ce vice-roi, il ne nous reste plus rien à dire sur l'*Asie portugaise*; nous n'aurons que des désastres à raconter, et à dire les victoires et les conquêtes successives d'un peuple dont nous n'avons point à écrire l'histoire, les Hollandais, dont la république naissante (1595) fut bientôt un état puissant, grâces à des lois sages, à un ordre admirable, à une constitution qui conservait l'égalité parmi les hommes, à une excellente police, et surtout à la tolérance religieuse. Ce peuple de soldats commerçans, malgré les efforts jaloux des Anglais, dépossédèrent les Portugais de presque toute l'Asie, et leur enlevèrent toute la côte de Guinée en Afrique, dont les rois indigènes leur faisaient aussi une guerre acharnée.

La haine contre les Portugais était si profonde, que les Hollandais étaient partout accueillis comme de généreux amis, comme des libérateurs. « Venez, « leur disait un roi de Ceylan ; venez « et bâtissez des forts dans mon île : « moi, ma femme et mes enfans, s'il

« le faut, nous porterons la pierre et « nous broierons le mortier. »

Au milieu de tous ces déplorables désastres, que fait le pouvoir théocratique? il va toujours envahissant le plus qu'il peut, et rend la puissance portugaise plus intolérable aux Indiens et aux Africains, par son intolérance et par ses bûchers. A la fin du seizième siècle, nous voyons un archevêque de Goa titulaire d'une des trois vice-royautés qu'on avait créées après la mort d'Atayde, qui fut le dernier gouverneur-général des Indes.

Au moment où cet immense empire indien était réduit à la ville qui fut la métropole de toutes ces provinces, c'est-à-dire à Goa, nous y retrouvons encore l'inquisition; « l'inquisition qui « devenait plus terrible à mesure « qu'elle voyait l'Asie échapper à ses « fers, et les peuples s'enfuir à la « lueur de ses bûchers. Cet horrible « tribunal, transporté de si bonne

« heure dans les Indes, n'était pas « seulement destiné, dans l'intention « du gouvernement portugais, à pro- « pager la foi, à préserver sa pureté; « mais il servait plus efficacement en- « core les intérêts du commerce et « l'égoïsme de ces premiers conqué- « rans, en écartant par la terreur « tous les négocians étrangers. Ceux- « ci, sous le plus frivole prétexte, « étaient souvent arrêtés et traités en « hérétiques. » (C'est-à-dire, brûlés vifs.) Cette opinion que nous empruntons à M Rabbe, il l'appuie sur un grand nombre de relations curieuses, et surtout sur un fait assez concluant à cet égard, « c'est que les « juifs portugais, établis en grand nom « bre à Goa, y faisaient tranquillement « leurs affaires et prospéraient dans le « négoce, sous les yeux des familiers « du saint-office. Du reste, aucun po- « tentat de l'Asie n'était aussi puissant, « aussi magnifique et aussi voluptueux « seigneur, que l'était le grand inqui-

« siteur de Goa, toujours choisi parmi « mi les prêtres séculiers.

« Il est à remarquer que le pouvoir « de l'inquisition dans les Indes sur- « passait beaucoup celui dont elle dis- « posait en Europe. Les attributions « si vastes du grand inquisiteur don- « nent l'idée de la suprématie théo- « cratique la plus positive : il était « au-dessus de l'archevêque et du « vice-roi ; il pouvait les juger, les « condamner et les emprisonner l'un « et l'autre : il suffisait qu'il donnât « ultérieurement avis des mesures « qu'il pouvait prendre à leur égard à « la cour de Portugal. Au dire de « l'abbé Guyon (*Histoire des Indes*), « cette inquisition orientale accordait « des avocats aux accusés qui croyaient « utile de se défendre : singulière fa- « veur dont ne jouissaient pas ceux « que l'on brûlait en Europe. » Dans cette même ville, où l'inquisition régnait avec tant d'éclat, les jésuites possédaient cinq maisons. C'est là qu'ils conservaient le corps d'un saint de leur ordre, saint Xavier, nommé l'apôtre des Indes.

De 1580 à 1680 nous n'avons rien à dire sur le Portugal. Pour faire l'histoire d'un peuple, en effet, il faut que ce peuple existe; et, dans toute cette période de temps, le Portugal n'a été qu'une province espagnole. Philippe II, après avoir conquis le Portugal, comprit fort bien qu'il fallait l'anéantir, pour le maintenir sous son autorité; aussi fit-il tout ce qu'il fallait pour ruiner absolument ce pays. Il voulut aussi légitimer son usurpation, en essayant de déterminer la duchesse de Bragance à renoncer, pour elle et le jeune duc Théodose son fils, au trône de Portugal, auquel ils avaient des droits incontestables. La duchesse répondit aux menaces et aux prières : « A Dieu « ne plaise, que je trafique aussi « lâchement des dernières volontés de « mon époux, qui m'a laissée gar- « dienne des droits de mon fils. Les

« droits de mon fils sont impérissables, « et c'est une propriété sacrée que « vous ne pouvez pas plus acheter « que je ne puis vous la vendre. »

Les successeurs de ce cruel tyran, que M. Rabbe nomme si justement le *démon du Midi*, suivirent à l'égard du Portugal la même politique. Ils continuèrent de ruiner ce malheureux pays, et de le traiter en pays conquis. Les côtes étaient sans défense; les ports sans vaisseaux; les forteresses en ruine, sans soldats; et l'on voyait, sur un sol ravagé et sans moissons, se traîner silencieusement un peuple couvert de haillons et mourant de faim. Les grands, sans places et sans honneurs, devaient dissimuler leurs richesses, afin de ne pas se les voir enlever. Un tel état de choses ne pouvait pas durer : la nation portugaise ne pouvait pas rester indéfiniment esclave. La haine pour le Castillan, le besoin de la vengeance, l'amour de la liberté, qui est toujours au fond des cœurs généreux, faisaient bouillonner le sang portugais. Ce joug était difficile à secouer, mais l'indignation était grande. D'ailleurs, ne fallait-il pas qu'une nouvelle génération, retrempée par l'adversité, succédât à celle qui avait transigé avec un roi infanticide. Le chef de cette conspiration était trouvé : naturellement ce devait être le duc Jean, fils du duc Théodose, qui, en mourant, avait protesté pour la conservation de ses droits. Celui qui devait être le chef de tout mouvement qui aurait pour but de secouer le joug espagnol, vivait en simple particulier; mais en particulier aimé du peuple, parce qu'il était affable et bienfaisant, respecté comme l'unique rejeton de leurs rois.

Avant qu'une conspiration bien ourdie s'organisât, quelques essais d'indépendance avaient eu lieu. Dès 1627, plusieurs nobles portugais avaient songé à s'emparer de la flotte venant des Indes, afin d'employer l'argent dont elle était chargée à faire une révolution. En 1657, le peuple, exténué de misère, se souleva dans plusieurs villes ; plusieurs seigneurs voulaient qu'on profitât de ce mouvement ; mais le duc Jean, sur lequel les conspirateurs voulaient s'appuyer dans ces deux cas, se refusa à tout acte hostile contre le gouvernement espagnol, soit par insouciance, soit, plus probablement, parce qu'il jugea que le moment n'était pas encore venu. En effet, on le vit conspirer franchement quand les circonstances furent devenues tout-à-fait favorables. Ces circonstances étaient le soulèvement de la Catalogne et les dispositions hostiles de la France contre l'Espagne. On vit alors le jeune duc s'entourer d'hommes dévoués et les plus ouvertement opposés à l'Espagne, prendre une allure plus sérieuse : il fut évident qu'il songeait à répondre au vœu de la nation portugaise, qui l'appelait à remonter sur le trône.

Le cabinet espagnol, quoiqu'il ne sût

rien de la conspiration qui se tramait en silence, prévenu par la duchesse de Mantoue, vice-reine de Portugal, employa toutes les intrigues imaginables pour arracher le roi futur au pays qu'il était appelé à gouverner, au sol qui faisait sa force. Mais le duc, soutenu par les exhortations animées de la duchesse de Bragance, son épouse, et les conseils de Ribeiro-Pinto, intendant de la maison du duc, et principal agent de la conspiration, répondit à tous les prétextes, à toutes les invitations, à toutes les perfidies, par mille et mille subterfuges; et prit la ferme résolution de ne quitter ses foyers domestiques que pour aller recevoir la couronne de la main du peuple, ou pour mourir sur l'échafaud, dressé par l'Espagnol triomphant.

Il avait fallu dix mois pour organiser ce grand complot, dont tous les artisans montrèrent la plus grande prudence et la plus grande fidélité. Rodrique d'Acunha, archevêque de Lisbonne, Pierre et Hurtado de Mendoza, ses parens, Antoine et Michel Almeida, les deux Mello, don Rodrigue de Saa, et plusieurs autres grands seigneurs, étaient à la tête de cette vaste conspiration. Quant à Pinto, son rôle n'était pas moins important, puisqu'il s'était chargé d'établir les ramifications populaires du complot. Le 27 novembre 1640, les conjurés furent sur le point de renoncer à leur projet; mais le duc reçoit un courrier de Madrid qui lui apporte, avec quarante mille ducats, l'injonction de partir de suite. L'argent envoyé empêchait le prétexte de manque de fonds pour retarder le départ. Le duc fut effrayé, il court consulter son épouse : « Poursuivez et « hâtez vos coups, lui dit Louise de « Gusman, il n'est plus temps de re- « culer : à Madrid vous êtes un traître, « à Lisbonne vous serez un roi. Écrivez « à vos amis qu'en différant d'un seul « jour ils vous perdent et eux aussi. » Le duc n'hésite plus; les conjurés, ébranlés pour un moment, reprennent leur audace, et l'exécution de ce mémorable complot est fixée au 1er décembre 1640.

Le jour venu, tous les conjurés se confessent, reçoivent l'absolution et communient. Ils s'arment et ils se quittent pour se rendre chacun à leur poste, et prêts à jouer leur rôle à un signal convenu. Le peuple n'est pas prévenu, mais il est tenu en suspens de quelques grands événemens, par les menaces des bourgeois qui étaient du complot. Chaque conjuré avait le front serein, et ce courage calme que donne l'assurance du succès. « Les mères, les épouses « (quelques-unes étaient dans le com- « plot) partageaient cette confiance au « lieu des terreurs si ordinaires aux « femmes. La magnanime comtesse « d'Atongia aidait à armer ses deux « fils, dom Jérôme d'Atayde et Fran- « çois Coutinho, leur disant : Allez, mes « fils, et délivrez votre pays ; si l'âge « et le sexe me le permettaient, j'irais

« partager vos efforts et votre gloire.
« Marianne de Lancastre adressa les
« mêmes exhortations à ses deux fils. »

Le signal est donné; dom Michel d'Almeida, aux cris répétés de *liberté! liberté! vive le roi dom Jean IV*, tombe sur la garde allemande. En peu de minutes elle est dispersée de toutes parts, et déjà les conjurés sont maîtres du palais. Le vénérable Almeida ouvre aussitôt une croisée qui donnait sur la place, et il s'écrie : *Aux armes, braves Portugais, le duc de Bragance est votre roi légitime; joignez vos armes aux nôtres, rendons-lui la couronne, et reprenez vos libertés.* A ce cri de *liberté*, mille et mille fois répété, dix mille citoyens ont pris les armes, et sont prêts à massacrer tout Castillan qui voudrait résister. Antoine de Tello cherche dans le palais Vasconcellos, secrétaire intime de la vice-reine. Celui-ci s'était caché, Tello le découvre, le tire de sa cachette, et ce misérable agent du Castillan tombe percé de mille coups. C'était la seule victime que les conjurés avaient désignée pour être immolée à leur juste ressentiment. Quant à la duchesse de Mantoue, il ne lui fut rien fait. Jamais révolution ne fut faite aussi promptement et si absolument. Le duc Jean, de son côté, s'était fait proclamer à Évora. Il apprend le succès qu'ont obtenu ses amis à Lisbonne; il part de suite, et est reçu par un peuple ivre de joie d'avoir secoué le joug de l'étranger et de revoir un descendant de ses rois. Tout le reste du royaume imita l'exemple de Lisbonne; il n'y eut de résistance sur aucun point. Voici comme Ancillon s'exprime sur cet important événement, qu'il nomma la restauration du Portugal : « Elle fut « légitime dans son principe, rapide « dans sa marche, peu sanglante dans « ses développemens, décisive et du- « rable dans ses effets. Le Portugal « recouvra son indépendance, et a su « la conserver; mais il ne recouvra pas

« ses forces, qui avaient été attaquées et énervées dans leur principe. « Soixante ans de servitude et de fer « avaient laissé des traces profondes que « le temps n'a pu entièrement effacer. »

L'Espagne voulut reconquérir la proie qui lui échappait; elle employa, pour y parvenir, et la ruse et la force des armes. Le pape Urbain VIII, forcément dévoué à l'Espagne, refusa de reconnaître Jean IV, et ne voulut point lui donner la bénédiction apostolique, quoique presque tous les souverains de l'Europe eussent envoyé des ambassadeurs à Lisbonne. Une conspiration se trama pour renverser le nouveau roi (1641). Elle avait pour chefs l'archevêque de Brague, dom Sébastien de Mattas, à qui, dans la fameuse journée du 1er décembre 1640, le brave Almeida avait sauvé la vie, le grand inquisiteur Francisco de Castro, évêque de Guarda, le marquis de Villa-Réal, le comte d'Armamar, et le duc de Caminha, trois grands seigneurs mécontens. L'archevêque pactisa avec les juifs. Ceux-ci, en s'emparant de tout le commerce pendant la domination espagnole, avaient indisposé fortement contre eux le peuple portugais. Un juif converti, Pierre Baeza, fut chargé des négociations avec le Castillan; mais son imprudence fit découvrir le complot. Tous les conspirateurs, au nombre de quarante-sept, furent pris. L'archevêque et le grand-inquisiteur furent seuls condamnés à une prison perpétuelle; tous les autres furent décapités. L'Espagne ne fut pas plus heureuse dans la guerre. Les armées portugaises, commandées par Mathias d'Albuquerque, et Alvarès d'Abranchès, généraux aussi braves que capables, battirent les Castillans dans les deux journées d'Ameiscal et de Montes-Claros, ou de Villa-Viciosa (1663 — 1665). Ces deux victoires mémorables assurèrent pour toujours l'indépendance du Portugal.

Les affaires des Portugais ne se rétablirent certes pas aussi bien dans l'Inde que dans la mère-patrie; mais enfin elles éprouvèrent quelque amélioration. Il ne restait plus au Portugal, de ses vastes possessions, que Goa, Diu, la ville de Meliapour, Macao dans la Chine, une partie de Timor et quelques comptoirs au Malabar; les Hollandais leur avaient enlevé tout le reste, et menaçaient encore de leur enlever ce que nous venons d'énumérer. Jean Fernandez de Vicira, jeune négociant, généreux citoyen, sacrifie une immense fortune, organise une flotte, lève une armée; et, pendant que dans son pays on fait la belle révolution de 1640, il tente de reconquérir le Brésil sur les Hollandais (de 1645 à 1654); il réussit. Ces négocians républicains, battus à plusieurs reprises par ce grand citoyen, renoncèrent à toutes leurs prétentions sur le Brésil, moyennant une somme de 8,000,000 en argent ou en marchandises, et évacuèrent définitivement ce pays en

1654. En même temps, une paix ménagée par l'Angleterre fut conclue entre le Portugal et la Hollande, tant pour les pays coloniaux que pour les pays d'Europe. En 1695, on découvrit les belles mines d'or du Brésil, ce qui fut pour le Portugal une nouvelle source de richesses trompeuses, car il est reconnu qu'aucun peuple possédant des mines n'a jamais prospéré. L'agriculture et l'industrie, voici les deux sources véritables d'une prospérité qui n'est pas mensongère.

Les jésuites avaient, sous le règne de Jean IV, mort en 1656, occupé absolument le second rang. Ce rôle ne pouvait pas leur convenir; aussi surent-ils habilement profiter de la faiblesse morale d'Alphonse VI, fils du restaurateur du Portugal, fils bien peu ressemblant à son père, pour remonter au premier rang. Depuis ce prince, jusqu'à Joseph, nous allons voir ces hommes ambitieux être rois de Portugal. Cet Alphonse VI, connu par ses inclinations vicieuses, n'aimait pas les jésuites; aussi jurèrent-ils sa ruine, et parvinrent-ils à l'effectuer. La nation, du reste, les aimait encore moins; elle les respectait, parce qu'elle les craignait. Nous ne pensons pas qu'il ait jamais existé, dans l'histoire, de complot plus ignoble, d'une turpitude plus grande, que celui que nous allons raconter; il est surtout indigne du caractère sacré de ceux qui l'avaient conçu. De plus, les circonstances en sont vraiment extraordinaires. Quoi de plus extraordinaire, en effet, que cette idée de faire passer pour impuissant un homme qui était bien connu pour son goût sans mesure pour les plaisirs faciles, qui lui faisait rechercher les courtisanes de tout rang, et qui avait une fille naturelle qu'on élevait chez le comte de Castel-Melhor, son confident. Voici du reste comment M. Rabbe raconte ces bizarres machinations, d'après un auteur allemand fort recommandable.

« Louise de Gusman régissait le « royaume, sous l'influence des jésui- « tes, lorsque de toutes parts le Por- « tugal était menacé. Les jésuites tra- « vaillaient sans repos à écarter du « trône le jeune Alphonse, parce qu'il « ne dissimulait pas son aversion pour « leur ordre. C'est par leurs conseils « que la reine-mère avait prolongé la « durée de sa régence, par de là la ma- « jorité du prince; et lorsque enfin le « comte Castel-Melhor l'eût détermi- « né à résigner le sceptre à son fils, ils « abusèrent de la confession pour « rendre Alphonse odieux et mépri- « sable, déclarant que ce serait chose « méritoire et agréable à Dieu que de « le haïr et méconnaître son autorité; « que le trône serait beaucoup mieux « occupé par son frère cadet, dom Pé- « dro, que par lui. A peine Élisabeth « de Savoie, de la maison de Nemours, « était-elle arrivée en Portugal pour « épouser Alphonse, que, par les insi- « nuations les plus odieuses, les jé-

« suites lui inspirèrent de l'aversion « pour son mari, et disposèrent son « cœur en faveur de dom Pedro, com- « me bien plus capable de *lui rendre* « *les devoirs conjugaux*. Ils poursui- « virent leurs intrigues jusqu'à ce « qu'enfin le plan qu'ils s'étaient pro- « posé réussit complètement. Le 21 « décembre 1667, la reine s'enfuit de « la cour dans un cloître, et de là « proclama sa demande en dissolu- « tion de mariage pour cause d'im- « puissance. Frustré de tous ses fidèles « conseils, que l'on avait peu à peu « éloignés de la manière la plus indi- « gne, Alphonse succomba finalement « sous les intrigues des jésuites, et se « vit contraint d'abdiquer en faveur « de son frère, qui devint immédiate- « ment le mari de la reine scandaleu- « sement divorcée. » Les deux me- neurs de cette infâme intrigue furent le confesseur de la reine et celui de l'infant, tous deux jésuites comme de raison. Au résultat, Alphonse fut déposé. On lui avait arraché un aveu humiliant de son impuissance, on parvint à lui extorquer une renonciation solennelle au trône. Il fut rélegué à l'île Tercère, et dom Pedro monta sur le trône avec le titre de régent.

Pendant que Lisbonne était le théâtre de ces sales intrigues, l'Espagne pensait à reconquérir le Portugal; mais, battue dans trois batailles successives, elle finit par reconnaître (1666) l'indépendance du Portugal. Le traité fut signé deux années plus tard. En 1669, le Portugal traita aussi avec la Hollande; les Hollandais, du reste, gardèrent à peu près tout ce qu'ils avaient pris dans les Indes. Rome aussi fit sa paix; pouvait-elle laisser échapper une plus belle occasion que celle de la chute d'Alphonse, effectuée par des membres de sa milice, et lorsque le pape « accordait la bulle qui légitimait « la passion adultère de la reine, et ré« gularisait tous les désordres qu'elle « avait tolérés! Il n'était plus juste

« ni possible de continuer à refuser « les bulles des évêques nommés par « le roi. »

Nous sommes arrivés à l'époque où commence l'influence de l'Angleterre sur les affaires du Portugal. Cette puissance avait été médiatrice entre l'Espagne et le Portugal; elle fit entrer cette dernière dans la grande coalition contre la France. Dès cet instant il sembla que la nation portugaise avait perdu son énergie, et le commerce passa tout entier entre les mains des Anglais. Un événement, provoqué par les jésuites, vint augmenter cette déconfiture complète. Jean IV avait toléré les juifs; ils lui avaient ouvert leur bourse quand il avait eu besoin d'argent. Pierre II, par l'instigation des révérends pères, les persécuta avec acharnement; ils émigrèrent en Hollande, en Angleterre et en France, et y portèrent leur industrie et leurs immenses capitaux. Enfin, sous Jean V, si on n'avait pas découvert les mines d'or du Brésil, on ne voit pas ce que fût devenu la nation portugaise.

Jean V régna quarante ans. Ce fut quarante années de misère et de dégradation pour la nation portugaise. Ce roi bigot n'avait qu'une seule et unique idée, plaire aux jésuites et à la cour de Rome. Il obtint du pape, Benoît XIV, le titre de *roi très-fidèle*, et l'autorisation d'ériger, en patriarcat, l'archevêché de Lisbonne : faveur qu'il fallut payer fort cher. Il dépensa cent cinquante millions de cruzades, pour faire du couvent de Maffra le plus magnifique monastère de la chrétienté. Il ne manqua à aucun *auto-da-fé*, et sous aucun règne les spectacles de ce genre ne furent plus fréquens. Horrible manière de flatter les goûts d'un prince stupide. Cependant le dépérissement de toutes les branches de la prospérité publique s'était encore accru, et le royaume le plus riche en métaux et en pierres précieuses (on avait découvert des mines de diamant au Brésil) était le plus pauvre en espèces. Enfin, les huit dernières années de ce règne déplorable mirent le comble à la misère publique. L'état était sans agriculture, sans industrie, sans commerce; il est vrai que c'était un frère récollet ou franciscain, dom Gaspard, qui tenait les rênes du gouvernement; le roi languissant et esclave, lui avait abandonné toute l'administration.

Il semblait que le Portugal devait s'anéantir sous le poids de ses propres maux, et disparaître du nombre des nations, quand Joseph Ier monta sur le trône, et y fit asseoir à côté de lui Sébastien de Carvalho, marquis de Pombal, ministre exalté si haut par le plus grand nombre des écrivains, et traité comme un scélérat par quelques autres. Mais cette admiration du plus grand nombre et cette haine de quelques-uns s'expliquent facilement : le marquis de Pombal fut ennemi des jésuites; non-seulement il les chassa ignominieusement du Portugal, mais il parvint à les faire expulser de toutes les cours de l'Europe, et obtint du vertueux Ganganelli, le pape Clément XIV, une bulle qui prononçait la suppression de la société dans tout le monde chrétien (1773). Ce seul acte n'eût-il pas suffi pour immortaliser ce ministre, et ne démontre-t-il pas tout ce qu'il y a de grand et de ferme dans la tête, et de patriotisme dans le cœur d'un tel homme. Mais laissons parler M. Rabbe, et traçons rapidement avec lui le tableau de tout ce que le premier ministre de Joseph Ier a fait pendant un règne de vingt années.

« En prenant les rênes de l'empire, « le nouveau ministre traite avec tou- « tes les cours; il négocie avec tous « les cabinets; il fait déjà sentir aux « rois de l'Europe que le Portugal va « redevenir puissance; que les temps « des grandes fautes sont passés; il « rétablit la discipline militaire, que « les règnes précédens ont laissé affai-

« blir. Bientôt se montre une bonne « armée sur les débris du vieil état « militaire du royaume.

« Le comte de Lippe Buckebourg, « à qui, par les conseils de l'Angle- « terre, on confia le commandement « de l'armée pour repousser les troupes « espagnoles entrées sur le territoire « portugais, répondit parfaitement « aux vues de Pombal dans la réor- « ganisation de l'armée. Il ne contri- « bua pas peu à lui rendre le senti- « ment de sa propre dignité, que lui « avait fait perdre des ministres récol- « lets ou franciscains, qui ne trouvent « nécessaire d'avoir une armée que « pour lui faire faire la parade au ser- « vice divin.

« Après avoir établi le gouverne- « ment politique, et la chose fut mal- « aisée, car il avait à combattre les « prétentions des grands d'un côté, et « les intrigues des jésuites de l'autre ; « il s'occupe avec non moins de suc- « cès de l'état économique. La nation

« manque de subsistance; il encourage
« l'agriculture ; il change les deux
« tiers des vignes en champs, et le
« Portugal a du pain avec du vin.
« Aprés avoir pourvu à l'être physi-
« que, il porte ses regards sur l'homme
« moral, et s'efforce de l'arracher aux
« nœuds d'une tyrannie sacrée, d'une
« abrutissante superstition. Il proscrit
« les *auto-da-fé* ; il éteint les bûchers
« sanguinaires, et repoussé l'inquisi-
« tion dans les plus étroites limites
« d'une juridiction de discipline ec-
« clésiastique. Il éteint la haine exis-
« tante entre les vieux et nouveaux
« chrétiens ; il abroge des lois inutiles
« et en crée de nécessaires ; il diminue
« le pouvoir des grands ; il rétablit la
« subordination ; il règle la police in-
« térieure ; il augmente les finances ; il
« veille sur les arts ; il vivifie le com-
« merce ; il ajoute de nouvelles bran-
« ches à l'industrie nationale ; il établit
« un système manufacturier étendu

« De l'Europe, il porte ses vues sur « le Nouveau-Monde : il encourage la « navigation ; il augmente les denrées « du Brésil ; il règle et réforme l'ad- « ministration déprédatrice de cette ri- « che colonie ; il proclame l'affranchis- « sement de l'espèce humaine, et fait « libres tous les indigènes du Brésil.

« Lisbonne est engloutie par un « tremblement de terre (1755). Il n'a « fallu qu'un instant pour engloutir « temples, palais et chaumières, mo- « numens et établissemens publics ; « quelques minutes ont suffi pour « que le produit de dix siècles de « travaux soit absolument anéanti. « Pombal, supérieur à un tel désastre, « fait sortir une nouvelle Lisbonne « plus belle et plus brillante de l'a- « bîme où ce phénomène l'a plongée. « Il rétablit l'ordre au milieu du trou- « ble et de la confusion ; il redonne la « vie à tous ces débris d'une société « physiquement rompue et morale- « ment décomposée. Des bandes de

« malfaiteurs et de brigands sortaient « de la terre comme les flammes, « comme les ondes; sa main les atteint « et les punit. Quelques sentences de « mort n'avaient fait que redoubler « l'audace de ces brigands créés par la « désorganisation de l'ordre social; le « ministre en fait pendre deux cents à « des gibets plantés autour de Lisbonne, et cet acte d'une sévérité « terrible, mais nécessaire, détruit le « mal dans sa source.

« Il arrête la sédition de la ville de « Porto et punit les coupables : cette « sédition avait été provoquée par « les jésuites, et motivée sur la création d'une compagnie de commerce, « à laquelle le ministre donna le privilége exclusif de trafiquer des vins « qui portent ce nom. Il découvre la « conjuration contre le roi : cette conjuration fut tramée par quelques « chefs de la noblesse, à l'instigation « des jésuites, dont le ressentiment « implacable ne pouvait pardonner au

« monarque dont le bras droit les « écrasait. Le principal instigateur fut « le révérend père jésuite Malagrida, « qui périt sur l'échafaud (1761), « condamné par l'inquisition comme « hérétique : ce jésuite faisait le pe- « tit saint ; il faisait des miracles et « les prophéties les plus sinistres et les « plus alarmantes. Pombal établit un « tribunal pour juger les criminels ; « il ne laisse échapper aucun de ceux « qui ont eu part au crime de lèse- « majesté.

« Il bannit les jésuites du Portugal, « et bientôt de l'Europe entière ; il « ose ce que les plus grands potentats « n'ont point osé ; il les accuse au « tribunal des rois, et gagne contre « eux un grand procès. Par un édit « du 3 septembre 1760, ils furent dé- « clarés rebelles, traîtres, ennemis et « agresseurs notoires de la personne « du roi, de ses états, de la paix publi- « que du royaume, du bien général des « sujets, et, comme tels, dénatura-

« lisés, proscrits, et exterminés s'ils « osaient rentrer dans le royaume. « Par un autre édit du 21 février « 1761, la confiscation de leurs biens « fut ordonnée dans tous les pays de « la domination portugaise.

« Il s'oppose aux desseins et aux « vues de l'Espagne; il lui déclare « la guerre, fait un traité avec l'An- « gleterre, unit sa puissance à la « sienne, répare les places du royau- « me, met les principales provinces « en sûreté, tient tête à l'ennemi, « casse le régiment royal étranger, « qui s'est rendu coupable de mal- « versations, dégrade tous les officiers « et fait mourir le colonel.

« Il crée de nouveaux réglemens de « commerce, diminue le nombre des « prêtres et des moines, fait restituer « les biens usurpés sur la couronne, « dont les grands s'étaient emparés sous « prétexte de services qu'eux ou leurs « amis avaient rendus à l'état. Cette « mesure lui créa de nombreux enne-

« mis ; et de simples gentilshommes qui « jouissaient en toute propriété, en « Amérique, de domaines plus étendus que ne le sont les royaumes « d'Écosse ou de Sardaigne, crient « qu'ils sont spoliés, parce qu'on les « force à la restitution. Il pose des limites au pouvoir de Rome, règle « la juridiction du nonce apostolique, « réforme l'université de Coimbre, « change l'ordre de ses écoles, établit « des études dans toutes les villes du « royaume. Il fait construire un canal « pour faciliter la communication des « provinces, établit des foires, les « rend florissantes; répare les affaires « de l'Inde, supprime les tribunaux « inutiles à Goa; protége les débiteurs « insolvables; déclare le commerce « du tabac libre; fonde une académie « de commerce, fait des élèves; « traite de la paix avec le roi de Maroc, pour rendre libre la navigation « d'Afrique. »

Cependant Joseph mourut; sa fille,

Marie-Françoise, lui succéda : de Pombal est de suite disgracié, et tout ce qui était commencé resta inachevé. La nation vit la retraite de Pombal et garda le silence. Le silence, de la part d'une nation qui n'est pas habituée à manifester son opinion, est une preuve de regret, surtout quand les grands, la noblesse et les moines, manifestent hautement leur joie. Tout ce que Pombal avait fait fut défait. On donna la liberté aux criminels qu'il avait fait incarcérer. Le procès des assassins du roi fut revisé, et ils furent réhabilités et réintégrés dans leurs biens et dans leurs honneurs. Enfin, Pombal fut mis en jugement et condamné à mort. Telle fut la récompense de cet homme qui avait réorganisé le Portugal, qui avait non-seulement payé ce que le Portugal devait à l'Angleterre, mais de plus, laissait dans les caisses de l'État soixante-dix-huit millions de cruzades, et laissait en outre l'agriculture, le commerce et les manufactures parfaitement florissans. Pombal ne fut point exécuté. La reine Marie *voulut bien lui permettre de vivre*. On n'osa point ensanglanter ses cheveux blancs. La mort ne tarda, du reste, point à le frapper. Il mourut, en 1782, avec le calme du philosophe et de l'homme de bien.

Cependant la reine Marie, tout en voulant défaire tout ce qu'avait fait le ministre de son père, n'avait nullement le désir d'anéantir la prospérité du Portugal. Elle créa plusieurs écoles pour l'enseignement des arts libéraux et mécaniques. Elle forma des bibliothèques et des académies; elle fit réunir en un seul corps toutes les lois promulguées par ses prédécesseurs. Il faut dire qu'il eût été difficile d'en agir autrement; c'eût été une bien grande imprudence de ne point obéir quelque peu à l'impulsion donnée par le grand ministre. Marie fut cependant bientôt obligée (1792), par cause de maladie, de confier les rênes du gouvernement à Jean VI, son fils, nommé prince du Brésil, qui fut bientôt nommé régent (1793). Il gouverna avec ce titre jusqu'à l'époque de la mort de sa mère (1806). Il fut alors nommé roi de Portugal.

Le prince du Brésil, régent ou roi de Portugal, n'eut aucune politique à lui, et jusqu'au moment où la Péninsule fut devenue une province de l'empire français, le Portugal fut toujours à la suite du cabinet de Madrid. Cependant l'administration extérieure du royaume promettait des temps prospères au Portugal; mais le géant qui allait peser sur l'Europe voulut que le Portugal, le plus ancien allié de l'Angleterre, intervînt dans sa querelle avec le cabinet britannique. Ce royaume consentit (1801) à fermer ses ports aux vaisseaux anglais; après la paix d'Amiens rompue (1803), le Portugal obtint, au prix de seize millions de francs, de pouvoir rester absolument neutre. L'empereur des Français, qui voulait que tous les autres royaumes fussent des provinces de cet empire, effaça de la carte politique de l'Europe, le Portugal, qui fut partagé, par le traité de Fontainebleau, entre la France et l'Espagne (27 septembre 1807). Le Portugal fut envahi, et, malgré la mauvaise saison, vingt mille Français avaient parcouru, en moins de six semaines, deux cents lieues, et Lisbonne était assiégée. Jean VI avait résolu de quitter le Portugal, et, dans le même instant que l'avant-garde française entrait à Lisbonne, ce prince se retirait sur ses vaisseaux avec sa famille et une partie de sa cour, allant chercher au Brésil un sceptre et une couronne qu'on lui enlevait en Europe. Cette émigration eut des conséquences de la plus haute importance, et qui ne furent certes pas prévues. En effet, cette apparition d'un royaume indépendant, au milieu de l'Amérique méridionale, a dû donner l'éveil à toutes les colonies espagnoles, qui souffraient impatiemment le joug de la métropole; et Bonaparte, qui anéantissait toute liberté en Europe, travaillait pour l'affranchissement de l'Amérique méridionale

Cependant l'Espagne secoue le joug de l'étranger, et apprend à l'Europe que Bonaparte peut être vaincu. Le Portugal, oubliant son antique inimitié, fait cause commune avec l'Espagne. Dans cette guerre sacrée de l'indépendance contre l'homme qui avait horreur de la liberté, les Anglais vinrent au secours des Portugais. Enfin, en 1810, le Portugal fut entièrement évacué par les armées françaises. L'Angleterre profita de ce moment pour reprendre sur le Portugal son ancienne influence. En 1814, la paix fut conclue entre la France et le Portugal, et ce pays se trouva absolument débarrassé de toute inquiétude extérieure, et goûta la paix accordée à l'Europe entière. Mais un grand changement s'était opéré : le

Brésil, cette ancienne colonie, était devenu métropole, et Lisbonne était gouvernée au nom d'un roi qui résidait à Rio-Janeiro. Cette idée devait blesser un état de la vieille Europe (état qui avait fondé tant de royaumes), et, dans le moment où elle agitait le plus les esprits, éclata en Espagne la révolution militaire de l'île de Léon. Le Portugal suivit encore une fois l'exemple de ce pays, et, le 24 août 1820, une révolution, aussi militaire, éclata à Porto. Les chefs de l'armée, d'accord avec un grand nombre de personnes distinguées des autres classes, proclamèrent la convocation d'un congrès national. La royauté était maintenue à Jean VI et à la maison de Bragance. Le peuple de Porto et de tous les environs accéda par acclamation à ce premier acte. Le gouvernement qui régissait le Portugal au nom du roi, essaya de s'opposer à ce mouvement, qui fut connu à Lisbonne le 28 août; mais le 15 septembre, les régimens qui se trouvaient à Lisbonne adhérèrent à la révolution opérée à Porto : toute la population imita l'armée. Ces deux mouvemens révolutionnaires se fondirent, et un gouvernement provisoire fut établi, et reçut les sermens de la nation le 11 octobre, au nom de Jean VI. Au même moment arrivait à Lisbonne le lord Beresfort, qui avait été si utile au Portugal dans la guerre de l'indépendance. Le nouveau gouvernement crut devoir repousser toute influence étrangère, et ce lord dut repartir de suite pour Londres. Cette faute fut grave : ne pas vouloir de protectorat était bien ; mais on eut grand tort de vouloir repousser toute intervention d'une puissance qui, à la vérité, avait peut-être abusé trop souvent de sa position à l'égard du Portugal, mais qui, du moins, n'avait jamais abandonné ce pays dans les jours d'infortune.

Ce gouvernement provisoire eût bien mieux fait de réprimer le pouvoir militaire qui l'avait créé, qui le renversa en partie le 11 novembre, à la suite *d'un conseil de guerre*, et qui le rétablit encore dans son premier état, à la suite d'un second conseil de guerre. Cependant tout se préparait pour les élections, et l'armée demanda la constitution espagnole appropriée aux besoins du Portugal. Les élections furent faites avec calme, et les choix furent parfaits. Le congrès, rassemblé à Lisbonne, le 6 janvier 1821, créa une régence qui devait agir au nom du roi, et travailla à établir les bases de la constitution. Ces bases furent offertes à l'acceptation du peuple, le 29 mars 1821. Toute la nation jura de les observer. Madère, les Açores, Lara, Baliva et Rio-Janeiro accueillirent la nouvelle révolution. Le roi Jean VI lui-même approuva tout ce qui avait été fait par les cortès. Ayant nommé son fils vice-roi du Brésil, il s'embarqua avec toute sa famille, pour venir remonter sur son trône constitutionnel d'Europe. Arrivé le 5 juillet à Lisbonne, il jura de suite, devant le congrès national, les bases de la nouvelle constitution.

Voici de nouveau le Portugal redevenu métropole à l'égard du Brésil, qui avait acquis un grand nombre des institutions qui appartiennent à un état indépendant. Les cortès, sans même attendre les députés brésiliens, anéantissent la vice-royauté, et veulent ôter au Brésil toutes ses nouvelles constitutions. Ils commirent là une grande erreur. « Quand on veut de la « liberté pour soi, dit M. Rabbe, il « faut en vouloir pour tout le monde; « mais les nations modernes sont si « peu propres à la possession de ce « bien inestimable, qu'on les voit « sans cesse mettre la satisfaction de « commander, à côté de la douceur « de ne plus obéir. » Les Brésiliens ne purent consentir à redevenir une seconde fois colonie. Ils se déclarèrent hautement indépendans de la métropole, renvoyèrent les troupes portugaises, offrirent à dom Pedro la couronne, et le proclamèrent *empereur constitutionnel du Brésil*. Les cortès portugaises, dans un aveuglement vraiment merveilleux, forcèrent le roi Jean VI à qualifier de révolte punissable l'affranchissement du Brésil, et à transmettre au prince royal sa désapprobation formelle de tout ce qui s'était fait.

Par cette conduite absolument impolitique, et tout-à-fait inconséquente, les cortès portugaises s'enlevèrent l'appui de la partie saine de la nation, qui les abandonna à leurs propres forces dans la nouvelle lutte qu'ils allaient avoir à soutenir contre le parti contre-révolutionnaire. Cependant le roi qui, à son retour du Brésil, avait prêté serment aux bases de la constitution, prêta serment, le 1er octobre 1822, à la constitution, ouvrage d'une commission choisie dans le sein des cortès et approuvée par cette assemblée. Au moment où le roi prêta ce serment, le président des cortès lui fit observer qu'il était absolument libre de prêter ce serment. Quant aux députés brésiliens, ils refusèrent de la signer, et quittèrent le Portugal. La reine ne suivit pas l'exemple de son auguste époux; elle refusa aussi, mais par d'autres motifs, de signer la constitution et d'y prêter serment. La loi voulait qu'elle quittât le Portugal; mais elle y resta pour des raisons de santé, et fut recluse dans une maison de plaisance à peu de distance de Lisbonne. Cette reine, jusqu'alors absolument ignorée, devint un personnage important : ce fut un point de ralliement pour les mécontens. D'un autre côté, Manuel de Silveira Pinto de Fonseca, comte d'Amarante, avait organisé un soulèvement partiel contre la constitution (mars 1823) dans la province de Minho, que lui et ses partisans parcouraient aux cris de *mort à la constitution!* La province de Tras-os-Montes se joignit bientôt à celle de Minho. Comme ce rebelle agissait au nom du roi, celui-ci protesta, dans une circulaire du 5 mars 1823, contre-signée par le ministre de l'intérieur, contre cette conduite, et fit profession de nouveau de son attachement inviolable à la constitution.

Cependant un ministère anti-libéral a résolu que la France ferait la guerre à l'Espagne, qu'une armée française, sous les ordres d'un prince, fils d'un roi constitutionnel, irait à Madrid arracher une constitution que le peuple espagnol s'était donnée, et que son roi avait jurée. Le droit d'intervention, qui avait été admis au congrès de Vérone, fut donc invoqué pour la première fois, et ce fut contre un gouvernement libre et reconnu des rois de l'Europe, et particulièrement du roi de France. Nous verrons plus tard l'Angleterre, qui s'est placée à la tête de la civilisation européenne, rang que la France devrait occuper, si un ministère libéral fondait sa politique extérieure et son administration intérieure sur les principes consacrés par la charte et sur les intérêts nationaux; l'Angleterre, dis-je, invoqua ce même droit pour défendre une constitution donnée par un roi à ses peuples.

Les intérêts du Portugal se trouvaient donc liés à ceux de l'Espagne; aussi le vit-on conclure, le 26 mars 1823, un traité d'alliance offensive et défensive avec l'Espagne, quoique la France eût promis formellement de ne pas intervenir dans les affaires du Portugal. Cette promesse fut sans doute faite; car l'Angleterre avait manifesté son intention de ne pas souffrir cette intervention. Cependant l'invasion de l'Espagne par l'armée française était imminente : M. Mourra, dans la séance des cortès du 15 février, avait proposé que le Portugal se mît sur un pied de guerre extrêmement respectable. L'assemblée, dans sa séance du 20, avait pris une décision conforme à cette proposition.

Cependant on ne conspirait pas seulement dans les provinces, on conspirait aussi à Lisbonne. Le 25 mai, le colonel Sampayo quitta Lisbonne avec son régiment, et alla à Sacaveno. L'infant dom Miguel, qui, comme la reine, avait toujours montré la plus forte opposition au nouveau système, l'y rejoignit, et l'abolition de la constitution fut proclamée. Dans la nuit du 2 juin, toute la troupe de ligne imita l'exemple du régiment du colonel Sampayo; de sorte que l'armée, qui avait voulu une constitution un an auparavant, la renversait aujourd'hui. Le 4, le roi feignit une revue de quelques compagnies, et ne rentra point à Lisbonne; il alla à Villa-Campa, d'où il publia une proclamation dans laquelle il détruisait la constitution des cortès, et promettait à son peuple des institutions plus conformes à ses besoins que celles qu'on lui enlevait : la reine fut réinstallée dans tous ses droits. Le ministère fut tout-à-fait changé; la garde nationale fut désarmée, et la milice, que les cortès avaient organisée, renvoyée dans ses foyers; enfin, la liberté de la presse fut révoquée et la censure organisée. Le 5, le roi rentra à Lisbonne, et le soir la ville fut illuminée; de même qu'elle l'avait été le soir où l'armée d'Oporto avait demandé une constitution, et de même qu'elle le fut encore quand le roi, de retour du Brésil, prêta serment aux bases de la constitution, enfin telle qu'elle le fut quand il signa la constitution. Cependant tous les journaux de cette époque s'accordent à dire que la nation resta spectatrice de tous ces événemens, et que cette contre-révolution a été absolument faite par les nobles, les moines et les fonctionnaires publics et l'armée, qui avait été gagnée.

Le roi avait promis de nouvelles institutions à son peuple. Par un décret du 18 juin 1823, une junte, composée de quatorze membres, fut créée pour préparer une constitution. La suite des événemens permet de croire qu'on avait seulement l'intention de gagner du temps. L'armée, dont on s'était servi, donnait cependant quelques sujets d'inquiétudes : elle était devenue absolument indisciplinée. Le Portugal s'avançait vers un état d'anarchie effrayant : cette contre-révolution n'était donc pas le résultat du concours de toutes les classes. Il en eût été même ainsi, que l'opinion publique eût été modifiée par la marche du gouvernement qui, depuis son rétablissement, ne se maintenait que par des actes arbitraires qui caractérisaient une autorité faible et chancelante. La régénération de 1820 avait-elle produit de pareils résultats? Nous avons narré ce qui s'était passé, et on a vu que ce mouvement s'était effectué sans qu'il en coûtât une goutte de sang, parce que tous les agens du gouvernement, à cette époque, désiraient sincérement la prospérité de la nation.

La constitution qu'on avait donnée à la nation la délivrait des fardeaux qui l'accablaient. On avait aboli l'inquisition, établi la liberté de la presse et purgé la jurisprudence des plus grands abus. La demeure du citoyen était devenue sacrée; sa propriété et son honneur étaient en sûreté. L'agriculture était encouragée et protégée par de sages réglemens; le nouveau système de finances faisait connaître à la nation ses recettes et ses dépenses; les ministres étaient devenus responsables; enfin on avait tout fait pour la prospérité et le bonheur de la nation. Aussi le Portugal avait-il un nouveau rang parmi les nations; les effets publics étaient élevés à un taux qu'ils n'avaient jamais atteint auparavant. On avait pris des mesures pour éteindre la dette de l'état. L'arriéré de l'armée était payé; la marine éprouva de grandes améliorations, et l'on avait déjà terminé plusieurs grandes entreprises sans avoir recours à un emprunt. Quand les cortès avaient été assemblées, dans quel état avaient-elles trouvé le Portugal ? Toutes les sources de la fortune publique étaient taries; la misère accablait les habitans.

Cependant il fallait s'attendre, après une contre-révolution, à une réaction; elle eut lieu, mais ne fut point aussi forte qu'en Espagne. Elle fût devenue violente, sans doute, si le parti de l'infant dom Miguel qui, dans tous les événemens que nous avons rapportés, avait montré la plus grande aversion pour toute institution libérale, eût pris le dessus; mais le parti modéré, qui avait à sa tête les comtes Pamplona et Palmella, l'emporta et fit renvoyer du conseil (29 janvier 1824) les partisans de l'infant. Celui-ci ne se tient pas pour battu, et, le 30 avril, il essaie, d'un mouvement militaire, contre l'autorité royale de son père; il échoua absolument, grâces à la fermeté du corps diplomatique, et surtout à celle de M. Hyde de Neuville, ambassadeur de France. Le roi fut obligé de se retirer à bord d'un vaisseau anglais, d'où il rendit plusieurs ordonnances. La plus grande confusion régna pendant quelques jours dans Lisbonne. Cependant le roi ôta à l'infant dom Miguel le commandement de l'armée, qu'il lui avait confié à l'époque de la contre-révolution, et l'exila. Le 14 mai, le roi rentra à Lisbonne à six heures du soir, et la capitale fut encore illuminée. Cette conspiration avortée en faveur du pouvoir absolu, parut avoir les plus heureux résultats pour la cause de la liberté. Le 5 juin, le roi rendit un décret d'amnistie et un décret de convocation des anciennes cortès du royaume, clergé, noblesse et tiers-état. Le 6 octobre, tous les travaux préparatoires pour la réunion des cortès à Lamego, étaient terminés; et cependant ces cortès ne furent point convoquées. C'est que le parti de l'infant et de la reine était toujours là. L'infant était parti ; mais la reine, quoique prisonnière au château de Quéluz, à quatre lieues de Lisbonne, n'en dirigeait pas moins, par l'intermédiaire du patriarche, le parti des *absolutistes*. Ces agitations politiques continuelles ne pouvaient point être favorables au commerce : aussi était-il très-languissant à l'époque où nous sommes arrivés. Sur quatre cent cinquante-six manufactures qui existent en Portugal, cent soixante-dix-sept seulement étaient occupées. La reconnaissance de l'indépendance du Brésil pouvait seul lui rendre quelque vie. Depuis plusieurs mois l'Angleterre et l'Allemagne faisaient à ce sujet les plus vives instances auprès du cabinet de Lisbonne. Enfin, le cabinet britannique ayant repris sur celui-là toute son ancienne influence, que lui avait fait momentanément perdre l'ambassadeur français, sir Charles Stuart partit avec tous les pouvoirs nécessaires pour le Brésil, et l'empereur de ce pays signa, le 25 août 1825, un traité qui déclarait le Brésil indépendant, le reconnaissait, lui, dom Pedro et ses descendans, empereurs du Brésil. Ce traité fut signé par le roi Jean VI, le 15 novembre de la même année. Cependant on ne convoquait toujours pas les cortès, comme on l'avait tant de fois solennellement promis; le peuple manifestait son mécontentement, sans se porter, cependant, à aucun acte de violence, quand, le 4 mars 1826, dom Jean VI tomba malade; le 6 au matin il fut à l'extrémité, le même jour soir il mourut.

Le 7, parut un décret qui nommait régente du royaume, l'infante donna Isabelle-Marie. L'héritier direct à la couronne du Portugal, n'avait point été désigné par le traité de Rio-Janeiro, du 25 août 1825, et il était encore inconnu. L'infante, nommée régente, avait cependant deux sœurs aînées ; mais toutes deux avaient épousé des princes étrangers, et, par cette raison, ne pouvaient être ni reines ni régentes. Jean VI était bon, mais faible. Il fut cependant regretté à cause de sa bonté, par la nation qui se plaisait à croire qu'il tiendrait des promesses faites spontanément.

Le premier acte de la régente fut de reconnaître dom Pedro IV, roi de Portugal, et dès cet instant tous les actes furent faits en son nom. Une députation fut de suite nommée pour aller porter au nouveau roi la nouvelle de la mort de son père, et le féliciter sur son avénement au trône de Portugal. Cette députation partit de Lisbonne, le 29 avril, pour Rio-Janeiro. En attendant le retour de ce vaisseau, la princesse régente faisait tout ce qui dépendait d'elle pour cicatriser les plaies du Portugal ; elle était parfaitement secondée par le ministre des finances Mello, et le nouveau patriarche dom Patrice. Cette jeune princesse se montra très accessible et accueillit les plaintes des petits et des grands. Mais des événemens d'une bien autre importance se préparent pour le Portugal. L'empereur du Brésil, au lieu d'accepter la couronne du Portugal, rend un décret d'amnistie générale, confirme d'abord la régence, octroie immédiatement une charte à la nation portugaise, dans laquelle il nomme reine de Portugal sa fille aînée, âgée de sept ans, en lui donnant pour époux l'infant dom Miguel, et déclare les enfans, issus de ce mariage, héritiers légitimes de la couronne de Portugal. Ces actes importans signés, il abdique en faveur de sa fille aînée, donna Maria.

Quel beau rôle a joué l'Angleterre dans cette importante affaire! car il est difficile de nier l'influence du cabinet britannique dans toutes les dernières négociations. Qu'il est glorieux pour un peuple de marcher à la tête de la civilisation européenne, de la régénération de l'univers! La nouvelle des derniers événemens arriva à Lisbonne, le 30 juin 1826; elle fut reçue avec un enthousiasme général. Voici la charte constitutionnelle transcrite textuellement, telle que dom Pèdre l'a donnée à la nation portugaise.

CHARTE CONSTITUTIONNELLE DE PORTUGAL.

Dom Pèdre, par la grâce de Dieu, roi de Portugal, des Algarves, etc.

Je fais savoir à vous tous, mes sujets portugais, qu'il m'a plu de décréter, donner et faire jurer immédiatement par les trois ordres de l'état, la Charte constitutionnelle ci-dessous transcrite, laquelle désormais régira mes royaumes et possessions, et qui est de la teneur suivante :

CHARTE CONSTITUTIONNELLE POUR LE ROYAUME DE PORTUGAL, ALGARVES, ET LEURS DÉPENDANCES.

TITRE Ier. — *Du royaume de Portugal, de son territoire, gouvernement, dynastie et religion.*

Art. 1er. Le royaume de Portugal est l'association politique de tous les citoyens portugais; ils forment une nation libre et indépendante.

2. Leur territoire forme le royaume de Portugal et des Algarves, et comprend : 1° en Europe : le royaume de Portugal, qui se compose des provinces de Minho, Tras-os-Montes, Beira, Estramadure, Alentejo et royaume des Algarves, et des îles adjacentes de Madère, Porto-Santo et Açores; 2° dans l'Afrique occidentale : Bisseau et Cacheau, sur la côte de Mina-o-Forte, de Saint-Jean-Baptiste d'Ajuda, Benguella et ses dépendances, Cabinda et Molembo, les îles du Cap-Vert, et

celles de Saint-Thomé et du Prince et leurs dépendances; sur la côte orientale: Mozambique, Rio de Senna, Sofalla, Inhambane, Quélimane et les îles du cap Delgado; 3° en Asie: Salvete, Bardez, Goa, Damao, Diu, et les établissemens de Macao et des îles de Solor et Timor.

3. La nation ne renonce pas aux droits qu'elle peut avoir sur quelque portion du territoire dans ces trois parties du monde, non comprises dans l'article précédent.

4. Son gouvernement est monarchique, héréditaire et représentatif.

5. La dynastie régnante se continue dans la sérénissime maison de Bragance et dans la personne de la princesse donna Maria da Gloria, par l'abdication et cession de son auguste père dom Pedro Ier, empereur du Brésil, légitime héritier et successeur de Jean VI.

6. La religion catholique, apostolique et romaine continuera à être la religion du royaume.

Toutes les autres religions seront permises aux étrangers avec leur culte domestique, sans aucune forme extérieure de temple.

TITRE II. — *Des citoyens portugais.*

7. Sont citoyens portugais, 1° ceux qui seront nés en Portugal ou dans ses dépendances, et qui aujourd'hui ne seraient pas citoyens du Brésil, quoique leur père soit étranger, pourvu qu'il ne réside pas en Portugal pour le service de sa nation; 2° les fils d'un père portugais, et les enfans illégitimes d'une mère portugaise, nés en pays étranger qui viendraient établir leur domicile dans le royaume; 3° les fils d'un père portugais qui serait en pays étranger pour le service du royaume, lors même qu'ils ne viendraient pas habiter le Portugal; 4° les étrangers naturalisés, quelle que soit leur religion : une loi déterminera les qualités requises pour obtenir des lettres de naturalisation.

8. Perd ses droits de citoyen portugais, 1° celui qui se fait naturaliser en pays étranger; 2° celui qui, sans permission du roi, accepte un emploi, une pension ou décoration de quelque gouvernement étranger; 3° celui qui a été banni par une sentence.

9. L'exercice des droits politiques est suspendu: 1° par l'incapacité physique ou morale; 2° par un jugement de condamnation, emprisonnement ou décret, tant que dureront leurs effets.

Titre III. — *Des pouvoirs et de la représentation nationale.*

10. La division et l'harmonie des pouvoirs politiques sont le principe conservateur des droits des citoyens, et le plus sûr moyen de rendre effectives les garanties que leur offre la constitution.

11. Les pouvoirs reconnus par la constitution du royaume de Portugal

sont au nombre de quatre : le pouvoir législatif, le pouvoir modérateur (*moderator*), le pouvoir exécutif, et le pouvoir judiciaire.

12. Les représentans de la nation portugaise sont : le roi, et les cortès générales.

Titre IV. — *Du pouvoir législatif.*

Chap. Ier. — *Des branches du pouvoir législatif et de leurs attributions.*

13. Le pouvoir législatif appartient aux cortès avec la sanction du roi.

14. Les cortès se composent de deux chambres : la chambre des pairs, et la chambre des députés.

15. Il est dans les attributions des cortès : 1° de recevoir le serment du roi, du prince royal, du régent, et de la régence; 2° d'élire le régent ou la régence, et de marquer les limites de leur autorité ; 3° de reconnaître le prince royal comme héritier du trône,

dans la première session qui suivra sa naissance; 4° de nommer un tuteur au roi mineur, dans le cas où son père ne l'aurait pas nommé dans son testament; 5° à la mort du roi, ou dans une vacance du trône, d'établir un conseil d'administration qui recherche et réforme les abus qui s'y seraient introduits; 6° de faire des lois, de les interpréter, de les suspendre, et de les révoquer; 7° de veiller à la garde de la constitution, et de pourvoir au bien général de la nation; 8° de fixer annuellement les dépenses publiques, et de répartir la contribution directe; 9° d'accorder ou de refuser l'entrée des forces étrangères de terre et de mer dans l'intérieur du royaume ou dans ses ports; 10° de fixer annuellement, d'après le rapport du gouvernement, les forces de terre et de mer ordinaires et extraordinaires; 11° d'autoriser le gouvernement à contracter des emprunts; 12° se procurer et établir des ressources convenables pour le paiement de la dette publique; 13° régler l'administration des domaines de l'état, et décréter leur aliénation; 14° créer ou supprimer des emplois publics, et en fixer les émolumens; 15° déterminer le poids, le titre intrinsèque, la valeur, l'inscription, le type et la dénomination des monnaies, aussi bien que l'étalon des poids et mesures.

16. Le titre de la chambre des pairs sera celui de *dignes pairs du royaume*, et celui des députés, de *messieurs les députés de la nation portugaise*.

17. Chaque législature durera quatre années, et chaque session annuelle trois mois.

18. L'ouverture de la session royale aura lieu chaque année le 2 janvier.

19. La session de fermeture sera également une session royale; et celle-ci, comme celle d'ouverture, aura lieu en cortès générales, les deux chambres réunies, les pairs à droite et les députés à gauche.

20. Son cérémonial et celui relatif à la présence du roi seront déterminés par un réglement particulier

21. La nomination du président et du vice-président de la chambre des pairs appartient au roi; celle des président et vice-président de la chambre des députés sera au choix du roi, sur la proposition faite par ladite chambre. Celle des secrétaires des deux chambres, la vérification des pouvoirs de ses membres, et le serment et la police, auront lieu d'après les formes de leurs réglemens intérieurs respectifs.

22. Lors de la réunion des deux chambres, le président de la chambre des pairs dirigera le travail, et les pairs et les députés prendront leur place comme dans la séance d'ouverture des cortès.

23. Les sessions de chacune des chambres seront publiques, à l'exception des cas où le bien de l'état exigerait qu'elles fussent secrètes.

24. Les affaires se décideront à la majorité absolue des votes des membres présens.

25. Les membres de chacune des chambres sont inviolables pour les opinions qu'ils professeraient dans l'exercice de leurs fonctions.

26. Aucun pair ou député ne pourra, durant sa députation, être arrêté par une autorité quelconque, à moins que ce ne soit en flagrant délit emportant peine capitale.

27. Si un pair ou un député était en prévention, le juge suspendra toutes poursuites ultérieures, et rendra compte à sa chambre respective, laquelle décidera si le procès devra se continuer, et si ce membre sera ou non suspendu de l'exercice de ses fonctions.

28. Les pairs et les députés pourront être nommés aux fonctions de ministre d'état ou de conseiller d'état, avec la différence, néanmoins, que les pairs continueront à siéger dans leurs

chambres, tandis que le député laissera sa place vacante, et qu'on procédera à une nouvelle élection dans laquelle il pourra être réélu, et cumuler les deux fonctions.

29. Ils cumuleront également les deux fonctions, s'ils exerçaient déjà l'un ou l'autre des emplois susmentionnés au moment de leur élection.

30. On ne peut être en même temps membre des deux chambres.

31. L'exercice d'un emploi quelconque, à l'exception de ceux de conseiller d'état ou de ministre d'état, cessera entièrement pendant le temps que dureront les fonctions de pair ou de député.

32. Dans l'intervalle des sessions, le roi ne pourra point employer un député hors du royaume, et même il n'ira point exercer les fonctions de son emploi, si cela le mettait dans l'impossibilité de se réunir lors de la convocation des cortès générales ordinaires ou extraordinaires.

33. Si, par un événement imprévu, dont peut dépendre la sûreté publique ou le bien de l'état, il était indispensable que quelque député s'absentât pour remplir un autre emploi, la chambre respective à laquelle il appartient en décidera.

CHAP. II. — *De la chambre des députés.*

34. La chambre des députés est élective et temporaire.

35. Appartient en privilége à la chambre des députés l'initiative, 1° sur les impositions, 2° sur le recrutement.

36. A la chambre des députés appartient également le privilége, 1° de l'examen de l'administration précédente, et la réforme des abus qui s'y seraient introduits; 2° la discussion des propositions faites par le pouvoir exécutif.

37. Il est également dans les attri-

butions spéciales de ladite chambre, de décréter qu'il y a lieu à accusation contre les ministres d'état et contre les conseillers d'état.

38. Les députés toucheront, durant la session, un dédommagement pécuniaire fixé dans la dernière séance de la précédente législature; outre cela, on leur allouera une indemnité pour les frais de voyage d'aller et retour.

Chap. III. — *De la chambre des pairs.*

39. La chambre des pairs est composée de membres à vie et héréditaires, nommés par le roi et en nombre indéterminé.

40. Le prince royal et les infans seront pairs de droit, et prendront siége dans la chambre aussitôt qu'ils auront atteint l'âge de vingt-cinq ans.

41. Il est dans les attributions exclusives de la chambre des pairs, 1° de connaître des délits individuels commis par les membres de la famille royale, par les ministres d'état, par

les conseillers d'état et par les pairs, et des délits des députés, commis pendant la durée de la session de la législature; 2° de connaître de la responsabilité des secrétaires et conseillers d'état; 3° de convoquer les cortés lors de la mort du roi, pour l'élection d'une régence, dans le cas où elle aurait lieu, lorsque la régence provisoire ne le fait point.

42. Lors du jugement des crimes dont l'accusation n'appartient point à la chambre des députés, le procureur de la couronne fera les fonctions d'accusateur.

43. Les sessions de la chambre des pairs commencent et finissent à la même époque que celles de la chambre des députés.

44. Toute réunion de la chambre des pairs, hors le temps des sessions de celle des députés, est illégale et nulle, à l'exception des cas désignés par la constitution.

Chap. IV. — *De la proposition, discussion, sanction et promulgation des lois.*

45. La proposition, l'opposition et l'approbation des projets de lois, appartiennent à chacune des deux chambres.

46. Le pouvoir exécutif fait faire, par l'un ou par l'autre des ministres d'état, la proposition qui lui appartient dans la formation des lois; et seulement après avoir été examinée par une commission de la chambre des députés, dont cette proposition doit émaner, elle pourra être convertie en projet de loi.

47. Les ministres pourront soutenir et discuter la proposition, après le rapport de la commission; mais ils ne pourront point émettre de vote, ni être présens lorsqu'on votera, à moins d'être pairs ou députés.

48. Si la chambre des députés adopte le projet, elle l'adressera à celle des pairs avec la formule suivante :

« La chambre des députés envoie à « la chambre des pairs la proposition « ci-jointe du pouvoir exécutif (avec « des amendemens ou sans amende- « mens) ; et pense qu'il y a lieu, etc. »

49. Si elle ne peut adopter la proposition, elle en fera part au roi par une députation de sept membres, et de la manière suivante :

« La chambre des députés témoigne « au roi sa reconnaissance pour le zèle « qu'il montre à veiller sur les intérêts « du royaume, et le supplie respec- « tueusement de daigner prendre en « considération ultérieure la proposi- « tion du gouvernement. »

50. En général, les propositions que la chambre des députés admettra et approuvera, seront adressées à la chambre des pairs avec la formule suivante :

« La chambre des députés adresse à « la chambre des pairs la proposition « ci-annexée, et pense qu'il y a lieu à « demander au roi sa sanction. »

51. Si néanmoins la chambre des pairs n'adoptait pas entièrement le projet de la chambre des députés, et qu'elle l'eût au contraire amendé ou qu'elle y eût ajouté, elle le renverra de la manière suivante :

« La chambre des pairs adresse à la « chambre des députés sa proposition « (telle) avec les amendemens ou ad- « ditions y jointes, et elle pense qu'il « y a lieu à demander au roi sa sanc- « tion. »

52. Si la chambre des pairs, après en avoir délibéré, juge qu'il n'y a pas lieu à admettre la proposition ou le projet, elle l'exprimera dans les termes suivans :

« La chambre des pairs adresse de « nouveau à la chambre des députés « la proposition (une telle) à laquelle « elle n'a pu donner son consente- « ment. »

53. La même marche se suivra par la chambre des députés avec celle des

pairs, lorsque le projet aura eu son origine dans cette dernière.

54. Si la chambre des députés n'approuve pas les amendemens ou les additions de celle des pairs, ou *vice versâ*, et que la chambre, refusant son approbation, juge néanmoins que le projet est avantageux, on nommera une commission composée d'un égal nombre de pairs et de députés, et ce qu'elle décidera servira, soit pour faire une proposition de loi, ou pour la rejeter tout-à-fait.

55. Lorsque l'une ou l'autre des deux chambres (la discussion étant fermée) aura adopté entièrement le projet que l'autre chambre lui avait adressé, elle le rédigera en décret; et, lecture faite séance tenante, elle l'adressera au roi en deux expéditions signées par le président et deux secrétaires, et lui demandera sa sanction dans les termes suivans : « Les cortès « générales adressent au roi le décret « ci-inclus, qu'elles jugent avantageux

« et utile au royaume, et demandent « à sa majesté qu'elle daigne y donner « sa sanction. »

56 Cette remise sera faite par une députation de sept membres, envoyés par la chambre ayant délibéré en dernier lieu, laquelle en même temps informera l'autre chambre où le projet a pris naissance, « qu'elle a adopté sa « proposition relative à tel objet; « qu'elle l'a fait remettre au roi en lui « demandant sa sanction. »

57. Si le roi refuse d'accorder son consentement, il répondra dans les termes suivans :

« Le roi veut méditer le projet de « loi, pour, en son temps, faire con- « naître sa proposition. »

A quoi la chambre répondra :

« Qu'elle remercie sa majesté de « l'intérêt qu'elle prend à la nation. »

58 Ce refus a un effet absolu.

59. Le roi donnera ou refusera sa sanction à chaque décret dans le délai

d'un mois, du jour qu'il lui aura été présenté.

60 Si le roi adopte le projet des cortès générales, il s'exprimera ainsi : « Le roi « consent. » Par là, il est sanctionné et dans les formes requises pour être promulgué comme loi du royaume, et l'une des deux expéditions autographes, après avoir eté signée par le roi, sera déposée aux archives de la chambre qui en avait fait l'envoi, et l'autre servira pour par elle faire faire la promulgation de la loi par le secrétaire-d'état qu'elle concerne, et elle sera ensuite déposée aux archives de l'état.

61. La formule de la proclamation de la loi est conçue dans les termes suivans :

« Dom Pèdre, par la grâce de Dieu, « roi de Portugal et des Algarves, etc., « faisons savoir à tous nos sujets que « les cortès générales ont décrété, et « que nous voulons la loi suivante (le « texte de la loi dans ses dispositions « seulement) ; ordonnons en consé-

« quence à toutes les autorités aux-
« quelles la connaissance et l'exécution
« de ladite loi appartiennent, qu'elles
« s'y conforment et y fassent se con-
« former et exécuter en son entier en
« ce qu'elle contient. Le secrétaire-
« d'état des affaires de (ou de toute
« autre section) la fera imprimer, pu-
« blier et distribuer. »

62. La loi signée par le roi, contre-signée par le secrétaire-d'état compétent, et scellée du sceau royal, l'original sera déposé aux archives de l'état, et des exemplaires imprimés en seront adressés à toutes les chambres de justice, aux tribunaux et autres lieux où il conviendra de la faire publier.

Chap. V. — *Des élections.*

63. Les nominations des députés pour les cortès générales seront faites par des élections indirectes; la masse des citoyens actifs, réunis en assemblées paroissiales, éliront les électeurs

de province, et ceux-ci les représentans de la nation.

64. Auront droit de voter dans ces élections primaires, 1° les citoyens portugais qui jouissent de leurs droits politiques; 2° les étrangers naturalisés.

65. Sont exclus du droit de voter dans les assemblées paroissiales, 1° les mineurs au-dessous de vingt-cinq ans, parmi lesquels ne sont point compris ceux mariés ou officiers militaires qui sont majeurs à vingt-un ans, les bacheliers licenciés et les ecclésiastiques dans les ordres sacrés; 2° les fils de famille qui sont dans la compagnie de leur père, à moins qu'ils n'occupent des emplois publics; 3° les domestiques de service, dans laquelle classe n'entrent point les teneurs de livres et les premiers commis des maisons de commerce, les domestiques de la maison royale qui ne portent point le galon blanc, et les administrateurs de biens ruraux et de fabriques; 4° les religieux et toutes personnes qui vivent

en communauté claustrale; 5° toutes personnes qui ne possèdent point un revenu net annuel de 100,000 reis (600 fr.) provenant de biens-fonds, industrie, commerce ou emploi.

66. Tous ceux qui n'ont pas le droit de voter dans les assemblées primaires paroissiales ne peuvent être membres, ni donner leurs votes pour la nomination d'une autorité quelconque élective nationale.

67. Peuvent être électeurs et voter dans l'élection des députés tous ceux qui peuvent voter dans les assemblées paroissiales; sont exclus néanmoins, 1° toutes personnes ne jouissant pas d'un revenu net annuel de 200,000 reis (1,200 fr.) provenant de biens-fonds, industrie, commerce ou emploi; 2° les libérés; 3° les criminels poursuivis pour querelles, ou par suite d'une enquête.

68. Toutes les personnes qui peuvent être électeurs sont aptes à être nommées députés; sont exceptées,

1° toutes personnes n'ayant pas un revenu net de 400,000 reis (ou 3400 fr.), conformément aux articles 65 et 67; 2° les étrangers naturalisés.

69. Les citoyens portugais, en quelque lieu qu'ils vivent, sont éligibles dans tout district électoral pour être députés, lors même qu'ils n'y seraient point nés, résidens ou domiciliés.

70. Une loi réglémentaire désignera le mode pratique des élections, et le nombre des députés en rapport avec la population du royaume.

Titre V.

Chap. Ier. — *Du roi, du pouvoir modérateur.*

Art. 71. Le pouvoir modérateur est la clef de toute l'organisation politique, et appartient primitivement au roi, comme chef suprême de la nation, pour qu'il veille continuellement sur le maintien et la conservation de l'indépendance, l'équilibre et l'harmonie des autres pouvoirs politiques.

72. La personne du roi est inviolable et sacrée; il n'est soumis à aucune responsabilité quelconque.

73. Ses titres sont : roi de Portugal et des Algarves, en deçà et outre-mer, en Afrique, seigneur de Guinée et de la conquête, navigation, commerce de l'Éthiopie, Arabie, Perse et de l'Inde, et doit être traité de Majesté Très-Fidèle.

74. Le roi exerce le pouvoir modérateur : 1° en nommant les pairs sans nombre fixe; 2° en convoquant les cortès générales et extraordinairement dans les intervalles des sessions, quand aussi le demandera le bien du royaume; 3° en sanctionnant les décrets et résolutions des cortès générales, pour qu'ils aient force de loi (art. 65.); 4° en prorogeant ou avançant l'époque de convocation des cortès générales, ou ordonnant la dissolution de la chambre des députés dans le cas où

l'exigera le salut de l'état, convoquant immédiatement une autre pour la remplacer; 5° en nommant et destituant librement les ministres d'état; 6° en suspendant de leurs fonctions les magistrats dans le cas de l'art. 121; 7° en pardonnant, modérant les peines imposées aux criminels par jugement; 8° en accordant une amnistie dans un cas urgent, et quand ainsi le conseillent l'humanité et le bien de l'état.

Chap. II. — *Du pouvoir exécutif.*

Art. 75. Le roi est le chef du pouvoir exécutif, et l'exerce par ses ministres d'état; ses principales attributions sont: 1° convoquer les nouvelles cortès générales, le 2 de mai de la quatrième année de la législature existante, dans le royaume de Portugal, et dans les colonies l'année antécédente; 2° nommer les évêques ainsi que les bénéfices ecclésiastiques; 3° nommer à tous les emplois civils et politiques; 4° nommer les commandans des forces de terre et de mer, et les changeant toutes les fois que le demandera le bien de l'état; 5° nommer les ambassadeurs et tous autres agens politiques et commerciaux; 6° diriger les négociations politiques avec les nations étrangères; 7° faire des traités d'alliance offensive et défensive, de subsides, de commerce, les portant, après leur conclusion, à la connaissance des cortes générales, quand l'intérêt et la sûreté de l'état le permettront : si les traités conclus en temps de paix entraînaient cession ou échange de territoire du royaume ou de possessions auxquelles le royaume ait droit, ils ne seront pas ratifiés sans avoir été approuvés par les cortès générales; 8° déclarer la guerre et faire la paix, donnant participation de l'assemblée des communications qui seront compatibles avec les intérêts et la sûreté de l'état; 9° donner des lettres de naturalisation selon la loi; 10° donner des titres, honneurs, ordres militaires et distinctions en récompense de services rendus à l'état, dépendant les pensions à la charge de l'état, de l'approbation de l'assemblée, dans le cas où elles seraient déjà assignées et fixées par une loi; 11° expédier les décrets, instructions et réglemens convenables et appropriés à la bonne exécution des lois; 12° décréter et appliquer aux diverses branches de l'administration publique les revenus votés par les cortès; 13° concéder ou refuser l'*exequatur* aux décrets des conseils et lettres apostoliques, et toutes autres constitutions ecclésiastiques qui ne s'opposeront point à la constitution, l'approbation des cortès devant précéder, s'ils contenaient des dispositions générales; 14° pourvoir à tout ce qui concernera la tranquillité intérieure de l'état dans les formes voulues par la constitution.

76. Le roi, avant d'être proclamé, prêtera, entre les mains du président de la chambre des pairs, les deux

chambres réunies, le serment suivant :
« Je jure de maintenir la religion catholique, apostolique et romaine, « d'observer et faire observer la constitution politique de la nation portugaise et toutes les autres lois du « royaume, et de pourvoir au bien « général de la nation, en tout et autant « qu'il sera en mon pouvoir. »

77. Le roi ne pourra pas sortir du royaume de Portugal sans le consentement des cortès générales ; et, s'il le fait, il est entendu qu'il aura abdiqué la couronne.

CHAP. III. — *De la famille royale et de sa dotation.*

Art. 78. L'héritier présomptif du royaume portera le titre de prince royal, et son fils aîné celui de prince da Beira ; tous les autres princes, celui d'infant. L'héritier présomptif sera traité d'altesse royale, de même que le prince da Beira. Les infans seront traités d'altesse.

79. L'héritier présomptif, ayant accompli l'âge de 14 ans, prêtera, entre les mains du président de la chambre des pairs, les deux chambres réunies, le serment suivant :

« Je jure de maintenir la religion catholique, apostolique, romaine, « d'observer la constitution politique « de la nation portugaise, et d'obéir « aux lois et au roi. »

80. Les cortès générales, aussitôt que le roi aura succédé au royaume, devront lui assigner, ainsi qu'à la reine son épouse, une dotation correspondante à sa haute dignité.

81. Les cortès assigneront également une dotation au prince royal et aux infantes, dès le jour de leur naissance.

82. Lorsque les princesses ou infantes devront se marier, les cortès leur assigneront leur dot, et à la remise de celle-ci devra cesser sa dotation.

83. Aux infans qui se marieront et iront résider hors du royaume, il sera

remis cette seule fois une certaine somme fixée par les cortès, à la remise de laquelle cessera la dotation qu'ils recevaient.

84. Les dotations et les dots desquelles traitent les articles précédens seront payées par le trésor public, remises à un intendant nommé par le roi, avec lequel se traiteront toutes les affaires actives et passives concernant les intérêts de la maison royale.

85. Les palais et terres royales qui ont été possédées jusqu'à ce moment par le roi, resteront la propriété de ses successeurs, et les cortès passeront et feront les acquisitions et constructions qu'elles jugeront nécessaires à la décence et la récréation du roi.

CHAP. IV. — *De la succession à la couronne.*

86. La reine donna Maria II, par la grâce de Dieu et la formelle abdication et cession du seigneur dom Pedro Ier,

empereur du Brésil, régnera toujours en Portugal.

87. La descendance légitime succédera au trône selon l'ordre régulier de la primogéniture, préférant toujours la branche antérieure aux postérieures, dans la même ligne le degré le plus rapproché au plus éloigné, dans le même degré le sexe masculin au sexe féminin, dans le même sexe la personne la plus âgée à la plus jeune.

88. Dans le cas de complète extinction des lignes des descendans légitimes de la reine donna Maria II, la couronne passera à la ligne collatérale.

89. Aucun étranger ne pourra succéder à la couronne de Portugal.

90. Le mariage de la princesse héritière présomptive de la couronne se fera toujours avec l'agrément du roi, et jamais avec un étranger. Si le roi avait cessé de vivre au moment où l'on devra s'occuper de ce mariage, il ne pourra s'effectuer sans le consentement des cortès générales. Son époux

n'aura aucune part au gouvernement, et seulement portera le titre de roi après qu'il aura eu de la reine un fils ou une fille.

CHAP. V. — *De la régence pendant la minorité, ou quelqu'autre cause qui empêche le roi de gouverner.*

91. Le roi est mineur jusqu'à l'âge de dix-huit ans révolus.

92. Durant sa minorité, le royaume sera gouverné par une régence qui appartiendra au parent le plus proche du roi, selon l'ordre de succession, et qui devra être majeur de vingt-cinq ans.

93. Si le roi n'a aucun parent qui réunisse ces qualités, le royaume sera gouverné par une régence permanente nommée par les cortès générales, composée de trois membres, présidée par le plus âgé des trois.

94. En attendant que cette régence soit élue, le royaume sera gouverné

par une régence provisoire, composée des deux ministres d'état du royaume et de la justice, et de deux conseillers d'état les plus anciens en exercice, présidée par la reine veuve ; et, à défaut de la reine, par le plus ancien conseiller d'état.

95. Dans le cas de décès de la reine régente, la régence sera présidée par son époux.

96. Si le roi, par quelque cause physique ou morale, évidemment reconnue par la pluralité de chacune des chambres des cortès, se trouve dans l'impossibilité de gouverner, le prince royal, s'il est âgé de dix-huit ans, gouvernera en sa place.

97. La régente, ainsi que la régence, prêteront le serment mentionné dans l'art. 75, en ajoutant la clause de fidélité au roi, et de lui remettre le gouvernement aussitôt sa majorité ou la cessation de la cause qui l'empêchait de gouverner.

98. Les actes de la régence et du

régent seront publiés au nom du roi, avec la formule suivante : « Commande « la régence au nom du roi.... Com- « mande le prince royal régent au « nom du roi. »

99. Ni la régence ni le régent ne seront responsables.

100. Pendant la minorité des successeurs de la couronne, sera son tuteur celui que son pére lui aura nommé par son testament. Faute de celui-là, ce sera la reine-mére ; et, à défaut de la reine, les cortès générales nommeront le tuteur. Toutefois ne pourra jamais être tuteur du roi mineur, celui à qui appartiendrait la succession à la couronne, si le roi venait à mourir.

CHAP. VI. — *Du ministère.*

101. Il y aura plusieurs secrétaires-d'état ; la loi désignera les affaires qui seront du ressort de chacun de leurs membres, les réunira ou les séparera selon qu'il conviendra le mieux.

102. Les ministres signeront tous les actes du pouvoir exécutif, qui, sans cette formalité, ne pourront être exécutés.

103. Les ministres d'état seront responsables : 1° pour trahison; 2° pour tentative de corruption, subornation et concussion; 3° pour abus de pouvoir; 4° lorsqu'ils ne se conformeront pas à la loi; 5° pour tout ce qu'ils feront de contraire à la liberté, sûreté et propriété des citoyens; 6° pour la moindre dissipation des deniers publics.

104. Une loi particulière spécifiera la nature de ces délits et la manière de procéder contre eux.

105. L'ordre du roi, donné de vive voix ou par écrit, ne peut en aucun cas décharger les ministres de leur responsabilité.

106. Les étrangers, quoique naturalisés, ne pourront pas être ministres d'état.

Chap. VII. — *Du conseil d'état.*

107. Il y aura un conseil d'état composé de conseillers à vie nommés par le roi.

108. Les étrangers ne pourront pas être conseillers d'état, quoique naturalisés.

109. Les conseillers d'état, avant d'entrer en fonctions, prêteront serment entre les mains du roi de maintenir la religion catholique et romaine, d'observer la constitution et les lois, d'être fidèles ou roi, le conseiller d'après leur conscience, donnant attention seulement au bien de la nation.

110. Les conseillers seront entendus dans toutes les affaires graves, et dans les mesures générales d'administration, principalement sur une déclaration de guerre avec les nations étrangères; de même dans toutes les occasions où le roi se propose d'exercer quelqu'une des attributions propres au

pouvoir modérateur, indiquées dans l'article 74, à l'exception du § 5.

111. Les conseillers d'état seront responsables des conseils qu'ils donneront, et qui seront opposés aux lois et aux intérêts de l'état, et manifestement préjudiciables.

112. Le prince royal, aussitôt qu'il aura atteint l'âge de dix-huit ans accomplis, sera de droit du conseil d'état; les autres princes de la maison royale, pour pouvoir entrer au conseil d'état, restent à cet égard dépendans de la nomination du roi.

Chap. VIII. — *De la force militaire.*

113. Tous les Portugais sont obligés de prendre les armes pour soutenir l'indépendance et l'intégrité du royaume, et pour le défendre contre ses ennemis intérieurs et extérieurs.

114. Pendant tout le temps que les cortès générales ne désigneront point la force militaire permanente de mer

et de terre, celle présentement existante continuera de subsister jusqu'au moment où lesdites cortès la diminueront ou l'augmenteront.

115. La force militaire est essentiellement obéissante; elle ne pourra jamais se réunir sans qu'elle en reçoive l'ordre par l'autorité légitime.

116. Il appartiendra exclusivement à la puissance exécutive d'employer la force armée de mer et terre, de la manière qu'elle jugera convenable à la sûreté et à la défense du royaume.

117. Une ordonnance spéciale régularisera l'organisation de l'armée, sa promotion et sa discipline, de même que celle de la force navale.

Titre VI. — *Du pouvoir judiciaire.*

Chap. unique. — *Des juges et des tribunaux de justice.*

118. Le pouvoir judiciaire est indépendant, et sera composé de juges et de jurés, lesquels seront appelés, tant

au civil qu'au criminel, dans les cas et de la manière que les codes détermineront.

119. Les jurés prononceront sur le fait, et les juges appliqueront la loi.

120. Les juges sont de droit inamovibles; par là il n'est néanmoins point entendu qu'ils ne puissent être changés d'une localité dans une autre, pour le temps et de la manière que la loi déterminera.

121. Le roi pourra les suspendre de leurs fonctions pour raison de plaintes portées contr'eux, ayant au préalable donné audience à ces mêmes juges, et pris l'avis du conseil d'état. Toutes les pièces qui les concernent seront remises au tribunal du district respectif, pour par lui être procédé d'après les formalités voulues par la loi.

122. Par un jugement seulement, ces juges pourront perdre leurs emplois.

123. Tous les juges de droit et les officiers de justice seront responsables

des abus de pouvoir et des prévarications qu'ils commettraient dans l'exercice de leurs fonctions; cette responsabilité sera rendue effective par une loi réglémentaire.

124. Pour subornation, tentative de corruption, péculat et concussion, on aura contr'eux action populaire, qui pourra leur être intentée dans le délai d'un an et d'un jour, soit par le propre plaignant ou par toute autre personne du peuple, en se conformant à l'ordre de procédure établi par la loi.

125. Pour juger les causes en seconde et dernière instance, il sera établi dans les provinces du royaume les tribunaux qui seront nécessaires pour la plus grande commodité du peuple.

126. Dans les causes criminelles, l'audition des témoins et tous les autres actes de la procédure, depuis la prévention, seront publics, et cela dès aujourd'hui.

137. Dans les causes civiles et dans celles pénales, les parties pourront

nommer des juges arbitres; les sentences seront exécutées sans appel, si les parties dissidentes en sont aussi convenues.

128. Sans faire constater qu'on a recherché des moyens de conciliation, on ne pourra commencer un procès quelconque.

129. A cet effet, il y aura des juges de paix, lesquels seront électifs pendant le même temps et de la même manière que se fera l'élection des membres des municipalités. Leurs attributions et leurs arrondissemens seront réglés par une loi.

130. Dans la capitale du royaume, outre le tribunal qui devra y exister de même que dans les autres provinces, il y aura de plus un tribunal sous la dénomination de tribunal suprême de justice; il sera composé de lettrés tirés des tribunaux par rang d'ancienneté; ils seront décorés du titre de conseillers. Dans la première organisation pourront être employés dans ce tribu-

nal les juges de ceux des tribunaux qu'il conviendra de supprimer.

131. Ce tribunal a dans ses attributions : 1° d'accorder ou refuser le recours en cassation dans les causes et de la manière que la loi le déterminera ; 2° de connaître des délits et des erreurs dans leurs emplois, que commettront les juges, ceux des tribunaux et des employés dans le corps diplomatique ; 3° de connaître et décider dans les conflits de juridiction et de compétence des tribunaux provinciaux.

Titre VIII. — *De l'administration et des provinces.*

Chap. Ier. — *De l'administration.*

132. L'administration des provinces continuera d'exister de la même manière qu'elle est établie en ce moment, jusqu'à ce qu'elle soit changée par une loi.

Chap. II. — *Des tribunaux.*

133. Dans toutes les villes et bourgs présentement existans, et dans tous ceux qui pourront se former par la suite, il sera établi des municipalités, auxquelles appartiendra le gouvernement économique et municipal des mêmes villes et bourgs.

134. Les municipalités seront électives et composées du nombre de membres que la loi désignera; celui d'entre eux qui obtiendra le plus grand nombre de voix en sera le président.

135. L'exercice de leurs fonctions municipales, la formation des ordonnances de police, l'emploi de leurs revenus et autres, toutes ces attributions seront décrétées par une loi réglémentaire.

Chap. III. — *Des revenus publics.*

136. La recette et la dépense des revenus publics sont confiées à un tribunal sous le titre de trésor public,

dans lequel diverses sections dûment établies par une loi régleront son administration et sa comptabilité.

137. Toutes les contributions directes, à l'exception de celles qui seront appliquées à payer les intérêts et à l'amortissement de la dette publique, seront annuelles et établies par les cortès générales, mais continueront jusqu'à ce qu'on en publie la dérogation ou qu'on y en substitue d'autres.

138. Le ministre d'état des finances, après avoir reçu des autres ministres les budgets relatifs aux dépenses de leurs ministères, présentera annuellement à la chambre des députés, et aussitôt que les cortès se seront assemblées, une balance générale des recettes et des dépenses de l'année précédente, et également le budget général de toutes les dépenses publiques de l'année prochaine, et le montant de toutes les contributions et revenus publics.

Titre VIII. — *Des dispositions générales et des garanties des droits civils et politiques des citoyens portugais.*

139. Les cortès générales, dès le commencement de leurs sessions, examineront si la constitution politique du royaume a été exactement observée.

140. Si après le laps de temps de quatre années, écoulées depuis que la constitution du royaume a été jurée, il était reconnu que quelqu'un de ses articles eût besoin d'être réformé, la proposition s'en fera par écrit, et elle devra prendre naissance dans la chambre des députés, et être appuyée par le tiers d'entre eux.

141. La proposition sera lue trois fois avec des intervalles de six jours de l'une à l'autre lecture, et après la troisième, la chambre des députés délibérera si la discussion peut en être admise; on suivra ensuite tout ce qui est nécessaire pour la formation d'une loi.

142. La discussion étant admise, et

la nécessité de la réforme de l'article constitutionnel étant bien établie, la loi sera expédiée, sanctionnée et promulguée par le roi dans la forme ordinaire; mais on y ordonnera aux électeurs des députés pour la prochaine législature, que dans leurs procurations ils leur confèrent des pouvoirs spéciaux pour une prétendue altération ou réforme.

143. Dans la législature suivante et dans sa première session, la matière sera proposée et discutée, et le résultat prévaudra pour faire le changement ou l'addition à la loi fondamentale; et, l'ajoutant à la constitution, elle sera solennellement promulguée.

144. Est seulement constitutionnel tout ce que l'acte constitutionnel fixe à l'égard des limites et des attributions respectives des pouvoirs politiques et des droits politiques et individuels des citoyens. Tout ce qui n'est point constitutionnel peut être altéré sans les formalités référées par les législatures ordinaires.

145. L'inviolabilité des droits civils et politiques des citoyens portugais, qui ont pour base la liberté, la sûreté individuelle et la propriété, est garantie par la constitution du royaume de la manière suivante : 1° aucun citoyen ne peut être obligé de faire ou empêché de faire une chose quelconque, sinon en vertu d'une loi; 2° la disposition d'une loi n'a point d'effet rétroactif; 3° chacun peut communiquer ses pensées soit verbalement, soit par écrit, les publier par l'impression, en tant toutefois qu'il est responsable des abus qu'il commettrait dans l'exercice de ce droit, dans le cas et les formes déterminés par la loi; 4° personne ne peut être poursuivi pour des motifs de religion dès qu'il respecte celle de l'état, et n'offense point la morale publique; 5° chacun peut rester ou sortir du royaume comme il lui convient, emportant toutes ses propriétés, s'étant néanmoins conformé aux réglemens de police, et sans préjudice des droits d'un tiers; 6° tout citoyen possède dans

sa maison un asile inviolable; de nuit on ne peut y entrer sans son consentement ou dans le cas d'une réclamation de secours, venue du dedans, ou pour la défendre de l'incendie ou de l'inondation; et de jour, l'entrée de sa maison sera seulement accordée dans les cas et de la manière que la loi déterminera; 7° personne ne pourra être arrêté sans plainte formée, excepté dans les cas déterminés par la loi, et dans ces cas le juge, dans les vingt-quatre heures à compter de son entrée en prison (celle-ci se trouvant en villes, bourgs ou villages près du lieu de résidence du juge, et dans les endroits éloignés, dans un laps de temps raisonnable que la loi déterminera, faisant attention à l'extension du territoire), fera, par une note signée de lui, connaître au coupable le motif de son arrestation, les noms des accusateurs et ceux des témoins, s'il les connaît; 8° quoiqu'une plainte soit formée, personne ne sera conduit en prison ou n'y sera retenu, étant dé-

arrêté, s'il fournit caution solvable, dans les cas où la loi l'admet, et en général pour les crimes qui n'entraînent pas de plus forte peine que celle de six mois de prison ou le bannissement hors du territoire; dans ce cas, le coupable pourra se faire mettre en liberté; 9° à l'exception du cas de flagrant délit, on ne pourra faire mettre en prison, sinon sur l'ordre par écrit de l'autorité légitime; si cet ordre est arbitraire, le juge qui l'aura donné et celui qui l'aura requis, seront punis des peines que la loi déterminera; ce qui est fixé à l'égard de la prison, avant que la plainte soit formée, ne comprend point les ordonnances militaires établies; celles-ci étant nécessaires à la discipline et au recrutement de l'armée, ni les cas qui ne sont pas absolument criminels, et dans lesquels la loi ordonne cependant l'emprisonnement de quelques personnes, pour avoir désobéi aux injonctions de la justice, ou pour n'avoir point rempli une obligation dans un temps déterminé; 10° personne ne recevra sentence de jugement, sinon par l'autorité compétente, en vertu d'une loi antérieure, et dans la forme par elle prescrite; 11° l'indépendance du pouvoir judiciaire sera maintenue; aucune autorité ne pourra évoquer les causes pendantes, les soutenir ou faire revivre les procès finis; 12° la loi sera égale pour tous, soit qu'elle protége, soit qu'elle punisse; elle récompensera en proportion du mérite de chacun, 13° tout citoyen est admissible aux fonctions publiques, civiles, politiques ou militaires, sans autre différence que celle résultant de ses talens et vertus; 14° personne ne sera exempté de contribuer aux dépenses de l'état, en proportion de ses moyens; 15° sont abolis tous les priviléges qui ne sont point essentiels et entièrement liés aux charges, pour l'utilité publique; 16° à l'exception des causes qui, par leur nature, appartiennent aux juges particuliers, en conformité des lois, il n'y aura pas de tribunal privilégié, ni de commission spéciale dans les causes civiles ou criminelles; 17° il sera rédigé, aussi promptement que possible, un code civil et criminel, fondé sur les bases solides de la justice et de l'équité; 18° dès ce moment sont abolies la peine du fouet, la torture, la marque du fer rouge, et tous les autres châtimens plus cruels; 19° aucune peine ne s'étendra plus loin que le coupable; c'est pourquoi la confiscation des biens n'aura lieu en aucun cas, et l'infamie du criminel ne se transmettra à aucun de ses parens, de quelque degré que ce soit; 20° les prisons seront sûres, propres et bien aérées, avec des locaux différens pour la séparation des détenus, suivant les circonstances et la nature de leurs crimes; 21° le droit de propriété sera garanti dans toute sa plénitude; 22° la dette publique sera également garantie; 23° aucun genre de travail, culture, industrie ou commerce, ne peut être prohibé, pourvu qu'il ne préjudicie en rien aux coutumes publiques, à la sûreté et à la santé des citoyens; 24° les inventeurs conserveront la propriété de leurs découvertes ou de leurs productions. Une loi leur garantira leur privilége exclusif temporaire, ou une indemnité de la perte qu'ils pourraient éprouver par la publicité; 25° le secret des lettres est inviolable. L'administration des postes sera rigoureusement responsable de toute infraction de cet article; 26° seront garanties les récompenses accordées pour les services rendus à l'état, soit civils, soit militaires, de même que les droits qui y sont attachés conformément aux lois; 27° les fonctionnaires publics seront strictement responsables des abus et omissions qu'ils commettront dans l'exercice de leurs fonctions, et en aucun cas ils ne pourront faire retomber cette responsabilité sur leurs subalternes; 28° tout citoyen pourra présenter par écrit au pouvoir législatif et au pouvoir exécutif des réclamations, plaintes ou pétitions; et leur dénoncer toute infraction quelconque de la constitution, en requérant de l'autorité compétente la responsabilité effective des infracteurs; 29° la constitution garantit pareillement les secours publics; 30° l'instruction primaire est gratuite pour tous les citoyens; 31° la constitution garantit la noblesse héréditaire et les prérogatives; 32° pareillement les colléges et universités où sont enseignés les élémens des sciences, belles-lettres et arts; 33° les pouvoirs constitutionnels ne peuvent jamais suspendre la constitution, ni attenter aux droits individuels, hors les cas et circonstances spécifiés dans le paragraphe suivant; 34° dans le cas de révolte ou d'invasion de l'ennemi, la sûreté de l'état exigeant que l'on se dispense, pour un temps déterminé, de quelques-unes des formalités qui garantissent la liberté individuelle, il pourra y être pourvu par un acte spécial du pouvoir législatif.

Si les cortès ne pouvaient être réunies à temps, et le danger devenant imminent, le gouvernement pourra prendre les mêmes mesures, comme remède provisoire et indispensable, en suspendant immédiatement le cours ordinaire des lois d'après la nécessité urgente qui l'exigera ; mais, dans tous les cas, il devra remettre aux cortès, dès qu'elles seront rassemblées, un rapport motivé des arrestations et autres mesures de prévention qui auraient été prises. Toute autorité qui aura été chargée de leur exécution, sera responsable des abus qui auraient été commis à ce sujet.

J'ordonne à toutes les autorités à qui appartiennent la connaissance et l'exécution de cette charte constitutionnelle, qu'ils lui prêtent et fassent prêter serment en l'accomplissant et la faisant accomplir dans sa teneur totale et dans chacun de ses articles.

La régence de mes royaumes et possessions l'aura aussi pour entendue.

En conséquence, elle fera imprimer, publier, exécuter et garder la susdite charte dans sa teneur totale, et chacun de ses articles, afin qu'elle soit valable comme un acte passé par la chancellerie, quoiqu'elle ne doive pas y passer, nonobstant toutes ordonnances à ce contraires, et auxquelles il me plaît de déroger, les autres demeurant en vigueur; nonobstant pareillement tout défaut de rédaction et autres formalités de style dont je trouve bon de donner dispense.

Donné au palais de Rio-Janeiro, le 19e jour du mois d'avril de l'année de la naissance de N. S. J.-C. 1826.

Signé, LE ROI, *avec paraphe.*

Ici devrait se terminer notre tâche : il ne devrait nous rester qu'à dire que cette charte fut reçue, par la nation portugaise, avec la plus vive reconnaissance, et que le jour où on la promulgua, Lisbonne fut encore une fois illuminée. Mais cette charte ne pouvait que déplaire au parti apostolique, qui règne si absolument à Madrid : quelques régimens portugais, gagnés par l'argent des moines espagnols, se révoltèrent contre le nouvel ordre de choses, et se retirèrent en Espagne. De suite le cabinet de Lisbonne fit faire, par son ambassadeur, de fortes représentations au roi Ferdinand, sur ce qu'on avait donné asile aux Portugais révoltés. Le cabinet de Madrid promit de les faire désarmer ; mais, loin de le faire, les apostoliques favorisèrent de tous leurs moyens leur rentrée sur le territoire portugais, et plusieurs régimens espagnols marchèrent vers les frontières comme pour les soutenir. Le gouvernement désapprouvait ostensiblement la conduite de ses agens, mais peut-être les favorisait-il en dessous ; et il paraissait, aux yeux de plusieurs, faire toutes les dispositions nécessaires pour envahir le Portugal. Tous les souverains de l'Europe s'étaient empressés de reconnaître la régente et la constitution : l'Espagne seule ne les avait point encore reconnues. Le Portugal, craignant alors la guerre de la part de l'Espagne, demanda des secours à l'Angleterre, sa plus ancienne alliée. L'Angleterre, après avoir demandé des explications au cabinet des Tuileries sur ses intentions à l'égard du Portugal, et s'être assurée qu'elles n'avaient rien d'hostile, fit les plus fermes représentations au cabinet de Madrid, et les plus fortes menaces, s'il ne voulait point reconnaître le nouveau gouvernement. Le cabinet de Madrid entra en négociation; mais, en attendant, on armait toujours et on faisait filer des troupes sur les frontières du Portugal. Les caisses publiques, qui auparavant étaient vides, se trouvèrent tout à coup remplies, et la guerre pour un moment parut imminente. L'Angleterre, bien loin de reculer, fit partir de suite une division de cinq mille hommes, qui furent en peu de jours transportés en Portugal.

On envoya des troupes portugaises contre les rebelles, qui, d'abord vainqueurs, avaient pénétré assez avant, mais qui furent repoussés. Le roi d'Espagne, voyant que le parti apostolique allait l'engager dans une lutte dangereuse, pressé par les représentations de la France, et, dit-on aussi, des autres puissances, donna des ordres pacifiques aux troupes rassemblées sur les frontières du Portugal, et ordonna de mettre en jugement les officiers supérieurs qui avaient favorisé l'insurrection portugaise. Dans le même instant, les rebelles étaient absolument battus et rejetés sur le territoire espagnol; les villes dont ils s'étaient emparés viennent d'être reprises par les troupes de la régente, et aujourd'hui, 5 février 1827, le triomphe de la liberté constitutionnelle paraît assuré en Portugal.

FIN.

OUVRAGES

QUI COMPOSERONT LA COLLECTION.

Ceux marqués d'un astérisque * sont en vente

HISTOIRE.

* 1. Histoire de France.
* 2. — romaine.
* 3. — ancienne.
* 4. — du moyen âge.
5. — moderne.
* 6. — de la Grèce ancienne.
7. — de la Grèce moderne.
* 8. — d'Angleterre.
* 9. — d'Espagne.
*10. — de Portugal.
*11. — de la Suisse.
12. — de l'Allemagne.
*13. — de la Russie.
*14. — de la Turquie.
15. — de Suède, Norwège, Danemarck.
16. — de la Prusse.
17. — de la Pologne.
18. — de l'Italie.
*19. — de Venise.
*20. — des États-Unis.
*21. — des républiques du Nouveau-Monde.
22. — de la Chine.
*23. — de la révolution française.
*24. — du consulat et de l'empire.
*25. — de la révolution d'Angleterre
26. Table chronologiq de l'histoire tous les peupl
27. Biographie des hom mes célèbres.

SCIENCES.

*28. Élémens de gram maire françai
*29. — de rhétoriqu française.
*30. — de mythologie.
*31. — de géographie.
*32. Astronomie. 1re p
*33. *Id.* 2e p.
*34. Arithmétique.
35. Algèbre.
36. Géométrie.
37. Logique.
38. Métaphysique.
39. Morale.
40. Art de lever les pl.
*41. Mécanique.
*42. Physique. 1re p.
*43. *Id.* 2e p.
*44. Chimie. 1re p.
*45. *Id.* 2e p.
*46. Minéralogie.
*47. Zoologie.
*48. Botanique.
*49. Hygiène domestiq.
50. Anatomie.

www.ingramcontent.com/pod-product-compliance
Ingram Content Group UK Ltd.
Pitfield, Milton Keynes, MK11 3LW, UK
UKHW020556180726
13838UKWH00001B/272